大美青海非遗记录丛书

U0506919

AO   BAO   JI

敖包祭

——解读德都蒙古神秘祭祀

巴依斯哈力 斯琴夫 著

青海人民出版社

图书在版编目（CIP）数据

敖包祭 / 巴依斯哈力，斯琴夫著 . -- 西宁：青海人民出版社，2018.12（2021.11 重印）
ISBN 978-7-225-05746-0

Ⅰ.①敖… Ⅱ.①巴… ②斯… Ⅲ.①蒙古族—祭祀—民族文化—研究—海西蒙古族藏族自治州 Ⅳ.① K892.22

中国版本图书馆 CIP 数据核字（2019）第 006276 号

敖包祭

巴依斯哈力　斯琴夫　著

出 版 人	樊原成	
出版发行	青海人民出版社有限责任公司	
	西宁市五四西路 71 号　邮政编码：810023　电话：（0971）6143426（总编室）	
发行热线	（0971）6143516 / 6137730	
网　　址	http://www.qhrmcbs.com	
印　　刷	陕西龙山海天艺术印务有限公司	
经　　销	新华书店	
开　　本	890mm×1240 mm　1/32	
印　　张	5	
字　　数	70 千	
版　　次	2019 年 12 月第 1 版　2021 年 11 月第 2 次印刷	
书　　号	ISBN 978-7-225-05746-0	
定　　价	32.00 元	

目 录

第一章　远古的祈愿

敖　包　13

腾格里神　16

敖包主神——孟克腾格里　18

功能各异的众神　20

第二章　德都蒙古敖包传承

中央政府派员祭祀的江河湖泊与敖包　32

敖包祭祀的演变　46

激情四溢的敖包祭词　49

法术奇特的萨满师　58

精灵似的"翁衮"　75

第三章　敖包祭祀习俗

德都蒙古敖包修建习俗　80

敖包祭祀习俗　83

各地公祭敖包　108

第四章　牧人的感恩与大自然的回馈

草畜之和谐　144

人与自然之和谐　152

游牧是文化根脉　154

结　语

156

[第一章]

· 远古的祈愿 ·

敖包

腾格里神

敖包主神——孟克腾格里

功能各异的众神

荒漠上的苏里德

　　蒙古民族先祖自古驰骋在北方大地。无垠的草原、高耸的峻岭、茂密的森林、碧蓝的湖泊、清澈的河流是他们的游牧家园。汇聚大地精华的北方，养育了他们豪放、率真、诚挚、友善的品格；也孕育了他们崇尚生命的生活哲学和宗教观；培育了他们不畏严寒、克难忍苦的健壮体魄；造就了他们适季采集、渔猎、狩猎、牧马的生存技能。

祭祀的人们

他们随季迁移，适牧驻营，成为游牧族群。悠悠五千年，赤峰玉龙惊艳世人。且有三阶祭坛，独傲山之巅，传递着远古的祈愿。

古时，草原雪山下的游牧者，在自由、奔放、简朴的生产生活过程中，崇拜生命和灵魂，进而产生了萨满教信仰。祭祀将生命寄托于特定生命体，如上苍、星星、树木等，或其他符号化的物体，如"翁衮"以及萨满师的神服、神鞭、"札答石"等。符号化的物体往往成为祭祀的媒介，并附有祭词。这种传统仍然是17世纪青海蒙古人举行祭祀的突出特征。如，有人砍伐一棵枯树后，取一些土将其根部覆盖的同时嘴里不时祷告："我绝非狠心砍取，只因你干枯了才砍伐制作工具。愿你往后长得比现在更苍绿，长得比过去更高耸。"以祈求消灾避难。当一个人去过某个地方，回来后意外生病，就返回那个地方，献祭品，洒奶酒召唤神灵：

我苍茫腾格里神

我千层噶扎尔神①

救救我遭殃的身躯；

① 类似于汉族的土地神。

我十方神圣

将我从邪恶中拯救

还原我身躯的健康 ①

在祭祀期间与心灵祷告的结合便成了人们治愈病痛的基本做法。

敬仰生命如同敬仰神灵一样是蒙古原始宗教哲学的核心。

德都蒙古人的传统思维认为，打雷是天龙发怒的结果。这里的龙成了腾格里神的另一种存在模式，人们也用祭祀的方式告慰龙神。草原狼是一种集体攻击性极强的动物，蒙古人不叫它狼而尊称为"天狗"或昵称为"火灰的孩儿"。阴雨连绵不见晴日时就用狼的粪便来放烟，祈求天晴。狼的粪烟便成了祭祀的又一种形式。发生旱灾时，萨满师将"札答石"放入泉眼，进行施法，

---

① 《德都蒙古习俗文化读本》，卡木特尔、图克、桑布等编，内蒙古教育出版社。

敖包祭祀

骆驼敖包

咏诵求雨祷词。老人们对这种施法降雨深信不疑。这里的祷词和"札答石"表现为萨满师联络腾格里神的媒介。雨水滋润大地，使草原和森林生机勃发，原野和树林中的生灵肥壮、河流湖泊中的鱼儿肥美，人们的狩猎终将获取更为丰厚的猎物，生活愈加安逸。想必站在高高的山冈上，遥望八方四周时，无垠的原野和森林满目苍绿，牛羊和马儿在草浪中游动，羊羔、牛犊、马驹儿撒欢于鲜花绿叶间，于是，感恩上苍和大地的情怀油然而生，便积石筑坛，进行祷告，渐渐成为祭坛，蒙古语谓之"敖包"。

敖包一般选择氏族或部落住地最为显眼、能够环视四方的高地以及河湖泉水岸边。敖包选址者或为氏族长老或为萨满师。相传，青海和硕特部左翼后旗札萨克王爷进京朝贡后返乡，途经一片红柳、沙柳、白刺等灌木林地带，顿感困乏，无心赶路，便下马驻扎。夜里王爷梦见一大群骆驼带着驼羔从丛林中悠然自得地走出来，到河边饮水，然后返回，消失在丛林中。清晨醒来，急忙走向一座高高的红柳沙包，极目眺望四周，好大一片灌木丛地带，顿感吉祥，便召集民众就在此地修建敖包，进行了规模宏大的敖包祭祀，于是一座寄托着养出好骆驼的骆驼敖包就矗立在这片大地上。从此，牧人们世代祭祀骆驼敖包，愿大地神灵回馈他们恩惠。

　　传说中的"札萨克王爷进京"或许是为了烘托故事情节，抑或是传授者在清朝时的二次"彩排"，而传承者照搬传讲至今。故事向我们传递了蒙古族如何选择适合于各类牲畜的敖包，又怎样修建敖包进行祭祀，祈祷牲畜兴旺发达等敖包与祭祀习俗方面的信息。

　　敖包是蒙古人祖祖辈辈尊奉神灵的信仰高地，祈愿之声常常回荡在敖包上空，神灵护佑着这里的一草一木、一山一水，保佑着人们四季平安，生活安逸，风调雨顺，五畜繁衍。

　　传统文化是人类"从哪里来""怎样走来"的有力佐证，无论它是精神的还是物质的，都标记着一个民族的历史进程中的某段事迹。敖包祭祀便是这种传统中标记其心路历程的一种见证。萨满时期的敖包祭祀以及佛教时期的祭祀都见证了人与神灵、人与草原、人与牛羊的种种关系和心灵结合。

敖　包

敖包，作为蒙古萨满教的一种祭祀场所，三重圆锥形结构是它的最原始形态。王其格先生研究五千年前红山文化遗迹后认为：红山文化祭祀遗迹中除一处为方形，其余全都是三重圆锥形同一形制。[①] 这种形制主要依据宇宙划分为三界的观念而形成。如今的敖包无论采取何种材料和技术建造，未曾改变其三重圆锥式的原始形制。起初只祭三种敖包，即腾格里神敖包、土地神敖包、人敖包或叫祖先敖包。后演变为七敖包，与北斗七星有关。唐朝时期祭奠十三敖包，以纪念十三位英雄等。[②] 这种三重形制也体现在蒙古包的结构上。天窗部分代表天界，支杆和围栅部分代表中界，地面以下是下界；天窗和支杆的构造

① 王其格，《敖包祭祀与萨满文化》，《内蒙古民族大学学报》2013 年第 6 期。
② 1981 年内蒙古人民出版社《蒙古风俗鉴》。

红山文化敖包遗迹

红山文化敖包遗迹

又源于太阳的光芒；柱子代表宇宙树。所以蒙古
包是中界人类孕育生命的地方。人的居所与神灵
的祭祀场地由于受到萨满教哲学理念的控制其外
形具有了相似性。

　　蒙古族文化人类学者、诗人、文艺评论家
瓦·塞音朝克图对蒙古族敖包传说、神话故事、
史诗及祭祀习俗进行研究后坚定地提出了敖包
祭祀就是生命祭祀的新论断。他认为通过祭祀，
注入敖包新的生命力，继而守护、保佑后代，实
现生命的永恒。

腾格里神

　　萨满教宇宙观中宇宙是一个立体世界，分为上、中、下三界，即天界、人界、地界。其中上界为神灵居所，中界是人类和其他动植物生息之地，下界则是恶魔（蒙古语谓之"莽古斯"）居住之所。[①] 天界又分东四十四天和西五十五天，这九十九天就是九十九尊腾格里神。在德都蒙古萨满教遗俗以及祝赞词等民间文学中经常提到三十三尊天神、九十九尊腾格里神，是中界人类所信奉的最高神灵。

　　可见敖包是腾格里神的祭祀场所，而腾格里神就是敖包主神。萨满祭祀告诉人们：腾格里神从上界下凡人间，用他无私的心念护佑众生；用他威猛的力量征服莽古斯（恶魔）；用他无穷的智慧引领人们勇往向前，继往开来；用他无尽的财富恩惠人们；用他善良耿直的胸怀润泽人们的心灵；用他的威力护送人们平安出行。腾格里神这种无处不在、无所不能的神力保佑雪域草原，使万物和人类恒久互惠，生命轮回不止。德都蒙古有一篇著名的《腾格里神祷告词》，大意如下：

---

① 王其格，《敖包祭祀与萨满文化》，《内蒙古民族大学学报》2013 年第 6 期。

宇宙中的腾格里神哟

我们等待月中吉月

选择日中吉日

在那山之巅

水之源

竖起旗纛

修饰敖包

祭祀天父 ①

燃起火焰

呈献食之精华

饮之上乘

祭撒萨秋拉 ②

祈祷啊

腾格里神

① 腾格里神的又一称谓。

② 蒙古语，表示向腾格里神及敖包守护神献饮食。

恩惠吧！保佑吧！①

该祷词中，敖包在山之巅、水之源与旗纛相伴而立。旗纛蒙古语称之为"苏鲁锭"。又有篝火、供品等，描绘了敖包及敖包祭祀的具体情节。整篇祷告词由天、地、水的神授自然形态与神、词、祭的动态呼应，勾勒出祭祀的具体场景，伟大的生命在无恒的宇宙中，在人们的祷告中延续。文风简朴，词句短小，且祷告虔诚，祈求生命之神护佑人类，保佑他们在中界平安、富足、心想事成。

满足人的期望和心理所盼所需是一切宗教赖以生存发展的前提。从这一点上说，萨满教很好地满足了古代游牧族群的心理需求。

敖包主神——孟克腾格里

12、13 世纪蒙古萨满教进一步升华，主神以"孟克腾格里"——长生天的身世出现，成为大蒙古国国教，步入国家政治核心圈，为蒙古国的诞生、巩固发挥了作用，为其领土扩张，提供了理论依据和精

① 内蒙古教育出版社《青海蒙古族民俗文化读本》。

虔诚的祭祀者

神支柱。认为长生天赋予了他们战胜一切的力量，也使得尊奉长生天的人们聚集在成吉思汗的旗帜下，走向世界舞台。此后，蒙古萨满教主神——长生天居于一切神灵之上。

这时，蒙古族的哲学也完成了由原始"天道论"华丽地转身为"天道"，与汗权相统一的英雄汗权时代。

忽必烈定都北京后，在丽正门东南七里地修筑三层圆形石筑祭坛，祭坛占地 20 万余平方米，这使祭天首度成为多民族国家权力中心的核心祭祀。

在历史的长河中，敖包祭祀这一信仰习俗历经各种文明的洗礼，吸纳各种文化的精粹变得更加多彩。

功能各异的众神

蒙古族萨满教是多神宗教。如，西方五十五尊腾格里、东方四十四尊腾格里，并使其人性化，既有温和的，也有威猛的；既有善神，也有烈神；既有男性腾格里，也有女性腾格里。著名的蒙古学家W·海西希先生在其《蒙古宗教》一书中罗列了以腾格里神为首的阿

老人与敖包

吉热、阿哈、阿尔嘎萨尔、阿拉西、阿塔、岱青、巴音察罕、玛纳罕
等七十七尊神。除此之外，还有蒙古地区名山大河之神。有名的有杭
盖山、阿尔泰山、阿拉善山等；河流有鄂嫩河、图拉河，等等。日月

20 世纪 80 年代的敖包祭祀

星神也包括其中。① 在德都蒙古民歌、祝词以及故事里，有座名山像神一般地显现其中，那就是中、俄、蒙三国交界的阿尔泰山。而有关萨满祭词中也常常提及阿尔泰"五大神峰"。大山大河往往与蒙古萨满教有着不可或缺的关联。萨满师除了是腾格里神的使者之外还具有卜卦、解梦、医治、预测等多种功能。② 德都蒙古常祭的腾格里神有火神、吉雅齐神、山水神、独木神等。

火神，蒙古语称之为"glihan"，或"galiinhaan"的女性腾格里神。祭火是蒙古族每家每户的个体行为，无论富足、贫寒，还是贵族、平民都来祭各自的火神。德都蒙古地区，每年腊月二十三是平民祭火的日子，二十四日为贵族祭火日。人们将蒙古包清扫干净或重新搭建一遍,把羊圈也打扫清理后举行祭火仪式。祭火时,用羊毛缠绕羊胸叉肉,再备些羊肚油等易燃性祭品，将其一一放入燃烧的火中，口中咏诵祷词进行祈祷。

各种大典仪式中，首先要祭火。将奶乳、奶酒以及宴席上的食物各取一些放入火中，献给火神，以示部族人丁兴旺，势力勃发。

① 仁钦道尔吉，《萨满诗歌—艺人传》，民族出版社，2010 年。
② 仁钦道尔吉，《萨满诗歌—艺人传》，民族出版社，2010 年。

婚礼仪式中，当迎亲队伍到来后，新郎新娘步入拜神席，叩拜日月神，以祭拜神的形式证明其婚姻的神圣，也获得众神护佑。

两位新人步入新家后的另一件重要仪式就是要祭火。德都蒙古祭火既有祭祀祖先的含义，又有继承家族血脉的许诺，所以这一祭火成就他们在婚后的日子里诚心守家业，专心传血脉。

日常生活中的另一个重要神是吉雅齐神。人们认为吉雅齐神是五畜的守护神，类似于汉语中所称的财神爷。青海和硕特部和内蒙古科尔沁部都是成吉思汗胞弟哈布图·哈萨尔后裔，世代崇拜祭祀吉雅齐神。在科尔沁有这样一个传说：吉雅齐原是位穷人，给一户叫萨楚巴的富裕人家放牧一生。临终时他请求主人道："我死后请把我放马时常穿的盔甲袍穿在我身上，将我的套马杆背在我身上，下葬于高山顶上，我将继续看护您家牛羊马群。"然而，他的这一临终请求并未得到阔绰的萨楚巴的理睬。后来他家的牲畜开始大量死亡，萨楚巴急忙跑去向活佛问卦。活佛卜完卦告诉他："你要用奶乳和全羊祭奠吉雅齐。"萨楚巴照例祭奠吉雅齐后五畜繁衍，他又成了富人。从此，草原上诞生了又一尊日夜看护草原上的牛羊群和马群、保障牧人生计的神灵——吉雅齐。

[第二章]

· 德都蒙古敖包传承 ·

中央政府派员祭祀的江河湖泊与敖包

敖包祭祀的演变

激情四溢的敖包祭词

法术奇特的萨满师

精灵似的一翁衮

敖包燃柴

作为德都蒙古主体的和硕特部属蒙古孛尔只斤氏，自 15 世纪初形成以来在迁徙再迁徙、融入再融入中自始至终忠实地传承敖包祭祀文化，走过了多个世纪的漫长岁月。

海西地区蒙古族原为顾实汗的长子、二子、六子、七子、八子（青海蒙古文文献记载为第九子）和顾实汗伯兄、季弟等人的后裔领地。17 世纪 30 年代末由新疆南迁青海后，他们最初居住于黄河北部沿岸地区，后主要居住在柴达木盆地及周边区域。西邻新疆，北接河西走廊，南望西藏，东接其他蒙古额图克。

延续生命的祈福

他们高贵的身世和多个世纪以来在历史舞台上的风风雨雨，攒足了丰厚的文化积淀。

在内蒙古通辽、鄂尔多斯等地设有哈布图·哈萨尔敖包。

在天山深处建造有顾实汗敖包。

这些敖包都用于祭祀祖先，也是他们传承的主要祭祀习俗之一。

传承于海西地区的敖包大致可分为主神敖包和专司敖包两大类。

主神敖包以祭祀天神、地神、山水神和祖先为主，一般由额图克诺彦和札萨克王爷亲临祭祀。民间称之为"和硕奈敖包"，即旗敖包。另还有陶哈音敖包，即左领敖包。海西柴达木八旗均有各自"和硕奈敖包"，即旗敖包和各陶海敖包。又如，额图克或旗边界敖包、将军敖包等。这些都带有一定的行政色彩，可统称为"陶日音敖包"，意为各领地首脑祭祀的敖包，均属于主神敖包范畴。

专司敖包其功能可划分为多种类型。像马敖包、骆驼敖包等，是追求自然与物种和谐，祈愿水草丰盛、驼马繁衍，给人类提供丰厚回报，这类敖包也可称之为财神敖包。对饲养牲畜为生的游牧民族而言，牲畜是他们的生活保障、财富标志。为牲畜繁衍专设敖包与主神敖包的祭祀并不矛盾，是祭祀者物质与精神需求的一种结合。另外还有儿

苍茫生灵

童敖包、挤奶敖包等是祈祷儿女健康、寄托奶乳丰盛的专用敖包。

中央政府派员祭祀的江河湖泊与敖包

明清时期，青海湖地处青海各蒙古部落中心地带，是历史上青海
卫拉特联盟会盟之地；青海湖又是各朝代各民族祭祀的中华名水。清
廷全面统治青海地区后，为加强对青海蒙古的管制，利用其青海湖边
会盟的习俗，组织青海蒙古二十九旗札萨克诺彦定期举行"祭海会盟"。

民国时期，中央政府也常常组织蒙藏上层"祭海会盟"。

早在 16 世纪中叶，巴图蒙克达彦汗（满都海斯琴哈屯）、阿拉坦汗等成吉思汗黄金家族的继承者们再次统一蒙古各部的行动扩展至西域和西海地区。阿拉坦汗邀请三世达赖喇嘛至青海湖南边的恰卜恰勒时（今海南共和县所在地恰卜恰镇），蒙古族已成为青海这片沃土的主人。在今日之东湖羊场东边的一座山丘上有座敖包。相传，这是阿拉坦汗当年祭祀的敖包，他祭完后下山来到滩地，观赏赛马。

清朝时期，每年农历中元节七月十五日至二十三日期间，在察罕

转敖包

修饰敖包

托洛亥（或察罕城）主持青海蒙古各盟旗会盟一次。乾隆十六年（1761年），改为两年一次，乾隆二十八年（1763年），又改为三年一次。[①]西宁办事大臣亲临参与祭祀，宣读朝廷祭文并主持会盟，会商决定青海蒙古大事。汉语称之为"祭海会盟"，在蒙古语中会盟是这一称谓的主题。其主要议题有祭敖包、祭海、会盟、商贸、举行盛大的那达慕等。

民国时期，该仪式由国民政府青海地区负责人主持。青海建省后，省府要员前来主持会盟，并参加相关祭祀活动，发表政府祭词。民国二年（1913年）秋，民国初期青海办事长官廉兴为笼络蒙藏王公千户，在察罕托洛亥主持祭海。在这次祭海活动上，青海蒙古族、藏族各王公千户纷纷表示拥护共和。清朝中后期至民国时期的"祭海会盟"虽以蒙古族祭祀习俗为基础，更多的是一种政治活动，政治性成为其主要标志。

1940年秋，马步芳亲自主持"祭海会盟"。此次祭海尤为隆重。"国民党中央政府特派驻兰州的战区长官朱绍良主持祭祀。拨专款5万元备礼馈赠蒙藏首领，青海省政府拨款3万元，购买茯茶2000多封，

① 《德都蒙古历史考论》下册，艾丽曼《青海蒙古会盟祭海制度略述》。

虔诚的老人上祭包山

白酒 1000 余斤，双层花纹大蒙古包 8 顶，普通双层帐房 100 余顶。"[1] 而到了民国三十四年，所组织的祭海却以另一面孔出现："祭台悬孙中山遗像，国民党党旗和民国国旗交支，祭三牲：一牛居中，二羊左右。佐以干鲜果品。祭台旁燃刍草，烟火熊熊，爆竹碎訇如雷。"[2] 此时的祭祀完全以国家公祭形式组织实施。

　　1946 年，民国政府又组织了一次祭海。供品有三牲（牛、猪、羊），

---

① 《德都蒙古历史考论》下册，艾丽曼《青海蒙古会盟祭海制度略述》。
② 《德都蒙古历史考论》下册，艾丽曼《青海蒙古会盟祭海制度略述》。

牧人们拿着柳条上敖包

五色粮食，多种果品，红烛一对，香楮，酒等，还供龙旗两面，御杖四根，长哈达一条。诵读蒙古、藏、汉三种文字写的祭文。[1]

　　在海西地区广为流传的《巴颜颂祝词》的礼仪中至今还保留有祭奠火神、祖先祭祀程式。尤其每个段落末郑重呼出：圣祖成吉思汗赐予我们的／圣洁甘甜的颂之德吉／恭敬的撒向苍天／愿圣祖恩德保佑众生！[2] 这种"祖先恩德保佑青海众生"的祈愿，具有萨满教祭祀的深

① 《德都蒙古历史考论》下册。
② 巴依斯哈力，《史话德都蒙古民歌》。

深烙印。有意思的是这首祝词用韵文形式完美地表达了对祖先与佛祖的颂扬，祝词本身也达到了一个新的境界。由此看来，在祖先崇拜（主要是成吉思汗和顾实汗）这一祭祀主题上萨满式敖包祭祀与佛教式敖包祭祀互不排斥，互为增光，世代相传，成为佛教信仰被蒙古化的经典范例。

　　海西蒙古族民歌《冰草滩上的小青马》就别有风情地反映了盛夏里的青海湖畔盛宴高歌的场景。歌中唱道：

蓝色闪电般的小青马哟，

疾驰在绿油油的冰草滩上；

年轻有为的阿布 ① 哟，

向着青海湖奔去；

蔚蓝色的青海湖畔啊，

搭建起青蓝色的牙帐；

青蓝色的牙帐里哟，

高贵的宾客齐欢唱；

牙帐门前马驹儿鸣，

挤奶的姑娘喜开颜；

草原布满了，

肥壮的马群；

清凉的高坡上哟，

① 蒙古语，意为哥哥。

搭建起宽敞的牙帐，

甘甜的奶酒呀，

献给尊贵的兄长。

　　歌曲总共六段，这里仅选译了四段歌词。每段简洁明朗，如画般描写了在蔚蓝的青海湖畔，清凉的高坡上迎来盛夏里聚会畅饮的情景。其中，第一段描写了急切地向着青海湖畔夏季牧场而去的情节，映射出为会盟而奔走的喜悦心情；第二段描写湖畔牙帐坐坐，贵客们欢聚一堂的设宴场面；第三段更具生活画面，马驹儿嘶鸣在蒙古包前，姑娘挤马奶，悠扬的蒙古长调缠绵在美丽的青海湖上空。一幅青海湖畔夏季牧场欢乐的生活情景跃然眼前。

　　这首歌与蒙古族在青海湖畔会盟，并祭祀敖包后欢聚高歌的敖包宴情景一脉相承。歌者以敏捷的思维，简练生动地反映了在清凉的青海湖畔会聚欢乐的盛况。[①]

　　"祭海会盟"是青海蒙古族历史上级别最高、规模最大的祭祀活动。各大台吉及后裔、各大寺院高僧大德及徒弟、各额图克著名颂词人和

---

① 巴依斯哈力，《史话德都蒙古民歌》。

群 敖 包

撒禄马祝福

唱家们、优秀博克、优秀骑手、出类拔萃的箭手们汇集在青海湖畔一展风采，试比高低，演绎出精彩绝伦的、史诗般的宏大场面。

另外，还有一座敖包祭祀也颇受当时中央政府重视，清朝时期先后多次派员祭祀。在《黄河源》《查看河源情形》中均有祭祀记载，即敖敦塔拉敖包。

敖敦塔拉为蒙古语。敖敦即星星，塔拉为平原、平甸。从高处远远望去平原上的泉眼、小型湖泊、湿地之水宛如天上星星洒落大地，在阳光下闪闪发光，故称其为敖敦塔拉。是历代巴隆、香加、宗家三

敖包颂祝

旗蒙古民众游牧之地，他们建造敖包年年祭祀，祈求腾格里神保佑该地风调雨顺、水草丰盛、人丁兴旺、五畜繁衍。敖敦塔拉敖包的地理坐标为：东经 96°，北纬 36°，位于敖敦塔拉（今星宿海）东界的巴音霍硕山梁上。这里是元朝时期考察黄河源头时确定的河源地。此地的敖敦塔拉、阿拉腾嘎达素等地名就出现在元时河源考察记中。清朝时期的河源考察又进了一步。

俄国探险家普日热瓦斯基考察黄河源头时也记载有敖敦塔拉敖包的祭祀情形：在敖包旁肃立，高声咏诵祷告文。这祷告文是从北京送来的，上有天子署名。将一匹白马、一头白牛、九只白羊，还有三头除去头、皮、内脏的猪和几只白鸡作为供品，敬奉到敖包前。北京朝廷方面为这次祭祀活动支出 1300 两银子。①

青海湖、黄河源头敖包祭祀不仅是蒙古族古老习俗，体现了当时的政府祭祀名山名水神灵的惯例，展示了尊重民族习俗，发扬民族传统文化的宽容方略。

① 《宗加旗志》2016 年版

撒禄马祝福

敖包祭祀的演变

　　1642 年，顾实汗登上藏王宝座，建立和硕特汗廷后，下旨制定青海卫拉特蒙古法典，史称《顾实汗法典》。1685 年，其子多尔吉达赖珲台吉主持青海卫拉特联盟会盟，二次修订了该法典。这个版本的手抄本因保存不慎，正文完整留存的只有 19 页，其余残破不堪。中国社

远行前的牧人转敖包

科院亚欧历史研究所副所长、博士青格力和青海民族大学教授古·才仁巴力两位先生整理注解后以《青海卫拉特蒙古法典》名称出版。该法典中，就儿童八九岁入寺拜佛学经、佛教和喇嘛的保护以及萨满教的限制等方面均有具体规定。从相关规定看，蒙古上层将藏传佛教格鲁派当作主要信仰，萨满教受到法律限制，正式走下神坛，成为民间教仪。这是德都蒙古人信仰的转折点。

蒙古族敖包祭祀分春秋两季进行，春季祭祀为大祭祀。16 世纪70 年代土默特部阿勒腾汗在恰卜恰雅勒一地修建仰华寺（今在海南藏族自治州州府所在地恰卜恰镇境内），迎请三世达赖喇嘛举行历史性会晤。会见期间互赠尊号，在格鲁派中首次确立了达赖喇嘛这一尊号，东蒙古上层成为藏传佛教格鲁派施主。从此藏传佛教逐渐传入东部蒙古各地。17 世纪初，和硕特部首领拜布噶斯时任卫拉特联盟盟主时决定皈依藏传佛教。藏传佛教开始以官方行为传入卫拉特，传教者奔波于藏区与卫拉特之间。顾实汗时期，他本人已是藏传佛教格鲁派的积极扶持者和倡导者。1636 年后，和硕特等卫拉特联盟右翼移居青海。尤其顾实汗登上藏王宝座后，藏传佛教格鲁派成为青海蒙古族万众的信仰。从留存于民间的敖包祭祀及祭词的完整性（实际上绝大部分未来得及搜集整理而消亡）来看，萨满教并没有因为蒙古法典的诞生和佛教信仰的确立而彻底消亡，敖包祭祀作为蒙古祭祀的主要场地保留了下来。这一现象充分体现了德都蒙古上层以佛教为主信仰的同时，并没有彻底否定固有的祭祀习俗，佛教仪轨中也吸纳了蒙古祭祀古俗。

蒙古上层皈依佛教，使敖包祭祀走上了蒙古传统祭祀与佛教教义相融合，蒙古习俗占上风的轨迹。如祭祀由喇嘛主持，祭词也由喇嘛们用藏语念诵。旗纛依然是敖包的主要组成部分。篝火改为煨桑——烟祭。从此，以往的敖包、旗纛、供品、篝火、萨满师的祭祀等程式化的仪式演变为敖包、旗纛、烟祭、供品和喇嘛。

藏传佛教本身吸收有藏族原始宗教苯教的神山、神水的祭祀教仪。原始苯教的部分祭祀也与萨满教有着一定的相似性。如藏族的神山、神湖祭等。这种相似性在有的地方的敖包祭祀中表现尤为突出。

清朝和民国时期的祭海会盟和敖包祭祀同时吸纳了国家公祭的部分内容。

到了20世纪五六十年代，在海西各地依然有不少萨满师在民间活动。德都蒙古民间有"博不可惹怒"的俗语，就印证了萨满师在民间的长久影响力。

激情四溢的敖包祭词

走下神坛的萨满教化为民俗获得新生，在敖包祭祀中露出踪迹，成为德都蒙古传统祭祀文化的一部分。海西地区传承有一篇《敖包祝词》[1]进一步印证了这一点。其大意如下：

祈祷明慧的腾格里神

恩泽一切吧！

夏季里雨水丰盛

驱赶寒冷的风雪

冬季里雪水充足

愿草原水美草丰

奶乳盛满器皿

奶皮和奶酪装满口袋

羊群撒满原野

麦子堆成山丘

敖包中的守护神

① 《德都蒙古习俗文化读本》。

愿驼群和马群盖满大地

征途中赐予我骏马力量和速度

让我们拥有

克敌制胜的弓箭和快枪

让草原男儿们

个个勇猛如狼似虎

让我们拥有

闪电般追击野狼和狐狸的

飞鹰与骏马

让我们成为没有乞丐的富有

没有疾病的健康

没有乞讨的富足

没有了磨难的顺畅

愿我们常享福运

一切如愿①

---

① 《德都蒙古习俗文化读本》。

路边的敖包

　　将祷词这一萨满教特有的韵文名称更换成祝词，其时代气息不言而喻，证明其产生于祝词盛行的时代。正文开头便以祈求萨满教"明慧腾格里神"赐予人们充足雨水，水草丰美，牲畜遍野的富足生活；赐予猎手好弓、快枪和猎鹰，去享用美味，收获珍贵兽皮，用以制作御寒的皮帽和长袍；赐予男儿们力量和勇气，去战胜敌人等富有浓烈的现实愿望。在这里，祈祷与现实更紧密地联系在一起，充分显现出祭祀的实际意义，闪耀着德都蒙古传统祷词的魅力。德都蒙古在青藏高原上远离始祖文化，又处于佛教文化强势渗透的特殊环境中，依然传承和保留这股神秘的文化意象，令人倍感神奇。

民间艺人经历数代传承，每个人都喜欢用时代气息浓郁的词汇，给自己的作品润色添味，但在这篇祭词中丝毫看不到被时代化的影子，却暗含着对草原英雄的追忆，让人不得不联想到蒙古族英雄史诗中对英雄好汉的赞美之词，祭祀与史诗在所倡导的核心内容上似乎走到了一起。从祷词文本产生的历史进程而言，祷词在前，史诗、祝词等在后，三者具有渊源关系。萨满教祭祀主要由祭词、神歌、神舞、供品和"萨秋拉"（蒙古语，祭撒奶食、奶酒）等构成。

萨满师们各个儿都是功底深厚的民间艺人，他们传承师辈们诗意盎然的韵文，召唤神灵，感染信徒，演绎天界使者的非凡才艺。萨满师跳神舞时进入一种神力与媒介合力协作的状态，这时他的意识和身体被腾格里神控制，进入了天界使者的角色，向信徒们传递神力。据传说，海西地区萨满师给人看病时，也跳神舞。德都蒙古土话称之为"古尔腾·布兀赫"，即跳大神。在萨满教祭祀的各项仪式中，祭词是萨满师最出色的心灵宣召。咏诵者全身心地投入情感，发挥其每个词语内涵，使听信者跟随萨满师的祭祀和舞蹈，虔诚地进入其召唤神灵的意境中。在祭祀中，萨满师除了绝技（如赤脚踩火炭、刀剑刺身，用铁钎穿刺嘴唇、

喇嘛念经五畜兴旺

铁链抽打，等等）外，祭词是最具感染力的表达形式。在另一篇《腾格里神祷告词》中是这样唱的：

祈祷啊

深山中成为伙伴儿

旷野中换作朋友

祈祷啊

消除灾祸

赐予福运

敖包与经幡

祈祷啊

消灭病与痛

赐来康与安

……

祈祷啊

赐来甘雨

草木繁盛

……

赐予没有疾病的健康

赐予不会消失的富足①

　　词中，灾祸与幸运、疾病与健康、雨水与草木、顺畅与磨难、命运与生计成为祷告词的主要议题。

　　有意思的是，"深山中成为伙伴儿／旷野中换作朋友"这两句话的含义与萨满师智斗活佛的故事里萨满师在人迹罕至的荒漠里"和朋友酒足饭饱"的情景不谋而合。难道神灵和萨满师有种神秘的联络渠道？

① 《德都蒙古习俗文化读本》。

祷告文和故事在此处走到一起，演绎出出神入化的情景戏。

蒙古族萨满祭词除敖包祭词外，还有火神祭词、祖先"乌齐格"祭词、狩猎祭词、医治病患的祷词等多种祷告词。

每行首音的押韵，或行中合音，或首音和末尾音同时押韵是蒙古诗词的韵律格式。萨满祭词具备了这些韵律，平衡的句式加之整体押韵，更加体现了蒙古族传统韵文的风格。

从纯文学角度说，萨满祭词是蒙古族文学的雏形。由此延伸出诗词、祝词、赞词以及英雄史诗等民间文学种类。元朝时期，部分口传作品被记录，转化为文字作品。其中最为著名的是《成吉思汗大乌齐格》，整篇大祭词加上后来的补充部分共七百二十多行，是一部鸿篇巨制，成为佛教传入蒙古地区之前蒙古语长诗的典范，也是萨满师等艺人们的超凡想象力和出神入化的创作技巧的具体范本。祭词中讲到成吉思汗及其将领们的事迹时却非常实际，人名、地名、国名以及事件都基本符合历史记载，这说明，蒙古萨满教的祭词着重于现实，着重于生命的赞扬，着重于追求美好与善良。

法术奇特的萨满师

　　德都蒙古人称萨满师为"博沁"（男性）、"伊都干"（女性）。然而，在各种萨满传说和资料记载中男性萨满师形象的频率较高。他（她）们以法术全能、无所不能、智慧超群的形象游走于民间。我正拟稿之初，巧遇德令哈市民族中学教师东华，我们谈起"博沁"。他诙谐地讲述从其父亲那里听来的故事。整个故事很短，但令人惊奇。故事事发于20

敖包开光

世纪 30 年代，在青海西后旗，曾有一位"博沁"。有一次因信仰不同，他与活佛发生激烈口角。活佛气急败坏地冲他说："我让你出得起这个门，走不到你家。"而"博沁"很滑稽地朝他一笑便扬长而去。后来，活佛鼻子流了三滴血后便死在座位上。札萨克诺彦以嫁祸活佛之罪，（没有将其处死，可能怕自己也会被施法）将其发配至北右末旗，永不得返回。来到柯鲁克的这位"博沁"更是自由游走，行法于民间。故事传递给我们的是萨满教与佛教你死我活的斗争，虽以萨满教取胜，却被发配异地依然活跃于民间，整个故事的天平又向萨满教倾斜，似乎超越了以佛教为主要信仰的现实，其奥妙耐人寻味。或许这位"博沁"是位杰出的萨满师，也足以表明萨满教在那个年代依然扮演着人们信仰的主角。

关于"博沁"的传说故事，在民间不胜枚举。有一次，他在荒无人烟的荒漠之地走了一天，来到一户人家。主人热情地倒茶献食，他却不吃不喝，还说路上与朋友一起酒足饭饱云云。主人很是纳闷，心想这一道人烟稀少，他又是孤身一人，何来朋友之说，就问其何方神圣，他便如实讲述了自己的身世和遭遇，令对方暗暗起敬。还有一次，有户人家的妻子生病，求医请佛无果，便去请这位"博沁"。"博沁"早早地来到这户人家，主人好茶好肉款待，而"博沁"却好久都不肯施术。到了夜深人静时，"博沁"才开始施法治病。他靠近病人咏诵祷词，召唤神灵。一阵祷告施法起舞后，他告诉主人家："你的爱妻疾病已痊愈，遗憾的是明儿一早起来，你那得意的青马将会死去，我已将你妻子身患之邪转移至你的青马身上。"第二天一早，主人家醒来，半信半疑地去查看究竟，果然他那匹心爱的青马死了。而他的爱妻康复如初，精神焕发。主人也心怀感恩，将"博沁"送了一程又一程。

"博沁"有一套色彩华丽、制作繁琐的法衣和道具。法衣由法帽、法袍以及法鼓、法鞭、法剑等构成。法帽前沿，用穗穗遮住半个脸，穗穗上沿吊有一排铜铃。法衣前襟挂有多排铜镜，腰带以下吊挂多排铜铃。有的肩上放一只鹰头或蛇形物体不等。

在"博沁"中，地位最高、被认为法力最大的，是"幻顿"，他主持敖包祭祀。[①] 德都蒙古萨满"博沁"没有手持的经卷，靠的是精妙绝伦的艺技，靠的是扣人心弦的祷词，靠的是萨满师神秘而出奇的技能，靠的是民间传统文化的给养。他们或天定身世继承家族萨满师，或身患疑难杂症去修道成萨满师，一般练就七年以上者才可出道。蒙古萨满师中有"乌拉齐""贾艾仍""博沁"等称呼，与其德能有关。

① 额鲁特珊丹，《郭尔罗斯蒙古族文化》，吉林人民出版社，2011 年 11 月。

巴音察罕敖包

与此相比，德都蒙古僧人大都也藏匿于民间，他们穿上袈裟走进寺院是喇嘛，脱掉袈裟放牧马群是牧人。手捧经卷禅坐诵经是僧人，怀抱爱子关怀家人是父亲。宗教服饰和百姓便装区别着他们的身份。佛教界戏称"穿白皮袄者"，就连塔尔寺等古刹名僧都谨慎地说："遇见柴达木地区穿白皮袄者要收敛点。"这是因为民间僧人擅长于施法，理论功底也很扎实。

关于德都蒙古僧人娶妻生子的缘由，有这样一个传说：

顾实汗为了确保兵源，发展生产，宣布凡他的部众，非住寺僧人均可娶妻生子。在现实中，他们削发受戒的戒律不那么严格。但是此人一旦受戒，其妻也必同丈夫一起严守小戒。这些僧人年事已高时，便可以到塔尔寺等大寺院受大戒，才算成为真正僧人。[1]

海西地区是"博沁"与僧人世处一境的地区，宗法与他法，传承与嫁接，你是你，我是我，互不干涉。究其根本是他们生活在同一个文化圈内，文脉同源，血脉同根，习俗相同，但抗争不断，促使他们在竞争中获得生存。

民间谚语里讲："疑多可生鬼，崇敬而生佛"，"羔儿皮的长袍好看

[1] 《柯鲁克蒙古历史与文化》。

却不御寒，活佛神气可敬却不治病"，等等。牧人们在现实生活中，不时用语言艺术来表达对两种宗教的态度。崇而不信邪，信而不达淫，豁达现实是德都蒙古信徒们的宗教观，也是对萨满教与佛教的基本态度。

落日余晖中的天空异样净蓝，信仰碰撞的火花别样灿烂。尽管萨满教早已退出历史舞台，但始祖文化总眷恋着他们。萨满师虽不主持敖包祭祀，但法理法术全能是他们几经受限，却顽强活跃于民间的根本。

春末夏初，高原上的天空湛蓝深邃，天空不见一片云彩，刚刚发芽的嫩草连根晒枯，牧人心急如焚。此时正是萨满师一展绝技的机会。他们手持"札答石"①招神舞灵，呼风唤雨。当大雨滂沱时，牧人们会心一笑，欢呼腾格里神的恩泽。"札答石"虽朴实无华，却在求雨心切的牧人眼里可与喇嘛的"如意宝瓶"相媲美。

都兰县巴隆乡曾有一位萨满师，时常佩戴一把利剑，抑或当马鞭，抑或做腰带，令人惊奇。深夏，是草原的奶乳季节，各家各户奶食丰产，大人小孩儿均以此为食，大补蛋白质、维生素以及碳水化合物，强健身体。这位萨满师吃起酸奶时也不忘露一手:将一碗酸奶放置在剑尖上，从蒙古包的天窗扔出去，落在地上依然完好无损，惊讶不已的孩儿们

① 萨满师使用的所谓降雨工具召唤神灵，呼风唤雨。

顿开眼界，兴高采烈，又敬而生畏，不知所措。萨满师乘机影响孩儿们的心灵，将利剑结个死结后又打开，激发对其法术的浓厚兴趣。

蒙古医学有两千多年的历史，将其药用植物、"博沁"意念（神授）、萨满法术并用，开启草原牧人与病魔做斗争的智慧之锁。

法术与医术的结合真可谓是萨满师的一大决胜法宝。在治疗脑震荡、接骨、正骨等蒙古传统医术中仍含有萨满祷告式疗法，蒙古语称其为"道木"。道木术在民间大有天地，民间医人也广泛使用此术。治疗脑震荡时用布条从患者前额中央起缠绕，两头并拢在脑后中央拧紧抓牢，心中敬拜腾格里神，口中祷告道：

药神哟，药神

赐我神力

药灵哟，药灵

快快通达

脑位哟，脑位

复回原位

疼痛消散

恢复灵聪

康复如初

健步蹦跳

随着句句祷告，轻重适中地捶打布条拧结处，然后松开，用右手拿起布条念道：

病祸溃散

沉入地下

沉入地下

将布条猛摔后又说道："脑位已复原，请舒适地睡一觉吧。"①

治疗人和动物的骨伤的正骨法也是蒙古医学的古老医术。医者常常用推、拿、捏、弯、伸等手法巧妙拿捏骨折或脱臼部位，使其恰如其分地复位连接，用草茎和木质夹板架住，再用羊毛或驼毛缠绕固定，同时祷告：

① 《德都蒙古习俗文化读本》。

药劲发力

骨折康复

消肿去瘀

活血通流

碎骨块儿

黏合复位

痛劲消退

如推原复

照捏长合

正骨完毕，给患者开消肿镇痛、增强血液循环、补气驱寒等功效的方剂，加以辩证施疗。①

接骨手法与药剂同施，用言语魅力和信仰之力抚慰患者心灵，多法并施，使其合力攻症候，妙趣横生。

还有常见于民间故事和史诗中的"神效白药"，是快速治疗创伤的

① 《德都蒙古习俗文化读本》。

神囊妙药,其作用达到了出神入化的效果。如在德都蒙古英雄史诗《汗青格勒》中,描绘汗青格勒为迎娶未婚妻而与战友奔走的途中,遇见了莫名大海。汗青格勒登高眺望后说道:

无路可绕

无形可越

深邃无底

宽无沿岸的大海

毒雾腾腾

巨浪翻滚。

见多识广的玛德乌兰库文则辩明道:

那是上苍剧毒深海

只拿

男儿的智慧

骏马的神力

飞奔而过。

两位英雄来到毒海边

摇起皮鞭

抽打骏马的后退

刺骨的抽打力

透过皮肉钻进骨髓

攒了劲的马儿

腾跃升空

掠过浪尖

祀挂羊毛祝福五畜繁衍

降落对岸

马儿的后退

双双灼伤

皮毛脱落

将伤不过夜的神效白药

涂抹于伤口

将痛不过午时的神效白药

涂撒于毒伤处

瞬间愈合精力倍增①

"神效白药"源于萨满师的医术，却根植于英雄史诗，焕发出惊人的艺术效果，萨满祭词的韵文形式也在史诗中获得重生，成为蒙古传统文化的独特符号。

萨满师也有类似修炼的道场。这种地方并不特别，有一座人形岩石。萨满师们就来此处祭祀祖师，燃起篝火提升法术。如此景象绝不仅限一地。蒙古国大文豪策·达木丁苏荣整理出版的《蒙古古代文学

---

① 《德都蒙古民间文学精粹》。

一百篇》①中有一首《答彦上的招灵》的祭文，长达 198 行，其中就描绘了萨满师修炼的情景：

上至九十九尊腾格里神

下至七十五尊腾格里神

三十三尊洁白的腾格里神

你是九十九尊腾格里神的使者

百尊腾格里神的媒介者

福祉腾格里神的传音者

黑暗腾格里神的探寻者

······

描述了萨满师的职责。

尊形如立石

①　内蒙古人民出版社，1982 年第二版。

敖包

塑像化作岩

众徒祭奠的

万"博"之首

千"博"之师

我答彦之尊海尔罕

……

这一段，描述了修炼道场上的神寓及其功能。

西方之主

勇猛洁白的腾格里神

穿行于云层间——

我战神腾格里

东方之主

黑心腾格里

以火炭为食

以火蛇作鞭

骑着疯狼

以人肉为食

石铁胸膛

以瘸狼的步伐走来的

以灰狼的步伐跑来的

汗腾格里神

......

这段祭词中描绘了恐怖神灵形象，表明道场同时出现善腾格里与

恶腾格里，修道者要接纳善腾格里，才能行善除恶，护国扶民。在这首祭词的结尾唱道：

> 苍茫天空
>
> 扶摇翻滚
>
> 金黄大地
>
> 震动颤抖
>
> 外海上腾起巨浪
>
> 湖泊水翻卷而涌

讲的是腾格里神在萨满师的召唤下，向他靠近的情景。天际上云团翻滚，四海皆起浪，湖泊疾涌，腾格里神的神力搅动天地。其描绘极其神奇。紧接着：

> 椎动脉在震动
>
> 神志① 在模糊

① 谓之常人。

后背在抽动

前胸在震颤

表示神已依附在萨满师的身上，其人连同神志转化成神力、神威，行善除恶，消灾降福。

修炼祭词中不可莫测的神化描绘，充满了奇特的想象力。表明萨满师极力表现自己与天神交流，以此提升自己在信徒中的威望。

"尊形如立石，塑像化作岩"描绘出萨满教腾格里神的天然塑像。"万'博'之首，千'博'之师"更进一步指出千万萨满师来此祭拜神灵，修天道，提升法力。据传，在青海西后旗境内，有座岩石很像一位坐立的女性，当地人就将它当作特定守护神来祭拜，进一步印证"博沁""伊都干"们的修炼道场。这个传说在传递古老信仰信息的同时，向我们讲述着萨满教谜一般的神秘故事。

精灵似的"翁衮"

"翁衮"乃蒙古语音译词，明朝时期编撰的蒙汉合璧词典《华夷译语》里释为"神"。是蒙古族祖先崇拜的产物。早期用毛毡、布匹等缝制或用木料雕刻而成，后来出现了铜铁浇铸的。考古发现匈奴时期曾用黄金打造。其基本形态是拟人化的，像佛教的塑像，却小巧玲珑，类似于精灵似的神寓。

翁衮是萨满教主神之一，只有氏族中身世高贵者或英雄的灵魂才能成为翁衮。也是"博沁"进行法事的道具，以此召唤神灵。萨满师有翁衮不离身，施必有翁衮的规矩。但《青海卫拉特盟法典》中就有禁止萨满师带"翁衮"入户的内容。

海西地区传统葬俗中，曾有一奇特习俗。当逝者吐出最后一口气时，迅速用羊毛将其吸附之，认为这口气就是灵魂脱离逝者的尸体。而吸附的目的就是用于祭奠逝者英灵。这一萨满习俗至解放初期依然存在。确切地说，这是对祖先生命崇拜的遗俗之一，这种习俗在敖包祭祀及相关传说中得到进一步印证。

第三章

· 敖包祭祀习俗 ·

德都蒙古敖包修建习俗

敖包祭祀习俗

各地公祭敖包

草原风光

　　严格地讲，德都蒙古敖包祭祀习俗具有很强的传承性和浓郁的始祖文化特色，就像其方言仍保留有十四五世纪古代蒙古语言特色一样，在敖包祭祀中传承有古老的祭祀习俗。如之前所述，敖包祷词虽然搜集、整理、保留得少，但也有力地证明了敖包祭祀习俗的原貌。藏传佛教的传入使敖包祭祀吸纳了不少佛教礼仪，但基本的祭祀习俗并未发生实质性的变化。

德都蒙古敖包修建习俗

20 世纪初编写的《蒙古风俗鉴》[①] 就敖包选址记载如下："选择有高山山头及大江大河或有大的湖泊的地方作为祭祀圣地。"这一记载与德都蒙古《腾格里神祷告》中的"山之巅，水之源"十分相似。青海多数敖包亦如此。如，原柯鲁克旗巴音察罕敖包，位于可鲁克湖和托素湖之间的一座山头上；台吉乃尔旗道尔吉巴拉丹敖包，地处万山之祖昆仑山山巅——玉珠峰等；达布逊戈壁旗敖包位于达布逊湖畔。因此，"山之巅，水之源"是德都蒙古人所遵循敖包选址的重要原则。仅此一点就证明，德都蒙古敖包的选址严格遵循了祖上的仪轨。海西各地的敖包在修建过程中，有过不少移地重修的习俗，或因地势过于险要而移址，或因别的原因。在移址重修的过程中，将原址敖包的建材带过来合入新敖包，以示原敖包生命的延续。据此推断，和硕特部自新疆天山、乌鲁木齐一带迁入青海时也是如此。

地址选好后需要解决建材问题，一般采用就地取材的办法。敖包

---

① 1981 年内蒙古人民出版社，蒙古文版。

由底座、主体和尖顶三部分构成，即三重圆锥形制。随着佛教的影响和深入，敖包的部分做法发生变化，向化为佛教礼仪，即押宝和"命木"是根据佛教教义演变而来。押在敖包地下的"九宝"是献给敖包守护神的财富及饮食。宝瓶里放入九宝（贵重金属类和宝石类）、五果（干果类）、六味（食物类），用绸缎封口后将其埋入地基的中心部位。在宝瓶之侧立"命木"。所谓"命木"是敖包生命承载物。海西地区主要用柏木作"命木"。柏木气味香浓，具有一定的药用价值，且抗潮防腐特性好。其叶子更是烟祭的首选香料。选择"命木"较为讲究。首先

选定三座长有柏树的较高山梁，每个山梁上再标记三棵树。第二天清晨，当太阳升起时，细心观察哪座山梁上的哪棵柏树上首先照得阳光。看准后连同其朝向（太阳升起的方向）坐标确定。民间认为，砍伐柏树的人一要富裕健康，二要多子多孙。然后选好吉日去砍伐。按照古代习俗，请"命木"时，咏诵祷告词，保留其生命。

宝瓶和"命木"制作完成后请到敖包修建处，喇嘛们咏诵祭词开光，再将宝瓶和"命木"以及提前备好的所需物品一同放入敖包的中心部位。几年前策划筹建德令哈迎宾敖包时，塔尔寺德令哈籍高僧罗布藏达西提供了一条重要信息：海西地区敖包修筑时所依据的是蒙古族高僧大德们根据敖包修筑和祭祀的传统，并结合佛教教义编写而成的典籍。其中，最为著名的是内蒙古察哈尔格西在塔尔寺编著的典籍。他的论述，充分体现了蒙古族传统敖包祭祀内涵，又结合佛教教义，深受海西地区蒙古人的欢迎。

敖包祭祀习俗

海西地区敖包祭祀一般在农历的四月至六月间举行，实为春季祭祀。亦有七八月份祭祀的，为秋季祭祀。多数地方一年一祭，个别地方一年两祭。

德都蒙古敖包祭祀习俗主要由敖包祭祀、宴会、那达慕等内容构成。1949 年前还有王爷检阅乡兵，主要有射击、马术、马刀术、弹药检验等项目。各旗乡兵装备要自行制作。如，制作火药，装配弹药等。所以检验武器弹药成为检阅乡兵的例行行规。也间接证明"兵民合一"传统体制一直延续到 1949 年前后。

敖包祭

敖包祭祀由王爷选派司仪，命其总管负责祭祀、宴会、那达慕等相关事宜，如今由村民自行组织实施。

祭祀前，由大家推任的祭祀主持人和几个同伴率先来到敖包将相关准备工作安排妥当。将往年的经幡、金丝等祭品撤换下来，清理周围环境、修补煨桑台、查看路径、选择吉日等事项。

参加祭祀的人们（一两个村或几个村的人）各自准备所需供品、祭品等。主要有柏木枝或柳树枝条、烟祭用品（柏木叶、炒面、砖茶、酥油等）、金银丝线、哈达、丝绸、奶食品、干果糖类、面食品以及炒青稞等。人们还要挑选最好的马，装备好枪支弹药，身穿礼服前往。而团体祭祀（1949 年前以王爷祭祀为主，由王爷提供主要供品及费用）则需要筹备全羊、图德（甜面羔）、须木尔（用炒面和颗粒奶酪堆积而成的礼仪供品）、奶酒等。奶乳品一般为初挤奶和头道奶酒，这些祭祀品丝毫不能受污染或用其他奶品替代。

祭祀归途

敖包燻桑

祭敖包的当日，天还未亮，人们就身穿色泽艳丽的礼服，背上枪支骑着高头大马向着信仰高地出发。因为他们要在敖包旁迎接第一缕阳光，开启祭祀的吉祥之兆。临近敖包时，祭祀者们摘下帽子，由东向西顺时针方向恭谨地走近敖包。由于多数敖包祭祀禁忌女性参加，妇女们则携带老幼前往举办宴会的地方筹备宴会。

到达敖包的人们首先向苏鲁锭磕头，然后顺时针方向绕敖包三圈，点燃小型篝火，用此火煨燃烟祭料，举行烟祭。敖包的东南西北侧各有一个煨桑台，逐一煨燃。朝霞中，祭烟袅袅，升向天空。"烟祭"由五世达赖喇嘛推崇，盛行于各大寺院及各类祭祀活动。蒙古人在敖包祭祀中吸收了这一仪式，以替代点燃篝火的古俗。主祭喇嘛及司仪依次摆放须木尔、图德、奶酒等供品。照古俗敖包祭祀必有多只全羊供品，同时参加祭祀的人们也摆放各自的奶乳、茶水等饮食类供品和哈达等礼仪类供品。

由于佛教祭祀禁用肉类，现已改俗。这是 20 世纪 80 年代恢复敖包祭祀时所形成的简易祭法。如今，逐渐向佛教仪轨靠拢的趋势愈加明显。而真正懂得传统敖包祭祀仪式的人大多已离世，出现了无人承袭的局面。但在 20 世纪三四十年代，由当时政府操办的青海湖、敖敦塔拉敖包等祭祀的供品中就有牛羊、猪、鸡等肉类祭品，间接表明了蒙古族传统祭祀习俗原貌，且传承下来。启动仪式举行完毕后进入祭祀仪式。

喇嘛们开始诵经。高音、中音、低音，和声悠悠，传向远方，传向天空。参加祭祀的人们将祭祀用品如金银丝线、茶水、奶乳、柏树枝、枪支等祭祀品摆放在祭台前方接受开光。

当喇嘛们（1949 年前由各旗王爷或法台主祭）咏诵敖包祝词（祷告）并宣布："请撒祭敖包"时，人们把预先准备好的奶乳、茶饮、奶

祭祀结束的牧人们

酒等洒向天空、洒向敖包，祈祷敖包守护神保佑家人来年安康，护佑草原水草丰盛，五畜兴旺。

喇嘛们咏诵完祷告经文后宣布"为敖包开光"时，人们将开过光的柏树枝条、羊毛、绸缎、哈达、印有禄马的经幡等祭品插的插，挂的挂，给敖包换上新装，守护神以崭新的生命态护佑草原水草丰美，保佑牧人健康平安，五畜繁衍。

当主持喇嘛宣布"请祭挂金丝"时，人们将自带的寓意为后代积德的金丝线和象征永保安康的银丝线一个接一个地连接后缠绕在敖包

主体上沿部。

完成上述程序后开始转祭敖包，将白炒青稞撒向敖包，祈祷多积一切美好。将炒煳的青稞撒向反向，祈祷驱除一切恶魔、病祸、灾害等。之后，人们将收拢在一起的摇福旗、枪支、禄马等拿在手上，当主祭喇嘛领诵《财福经》时，祭祀进入高潮，人们高呼"呼瑞、呼瑞、呼瑞"，向敖包或天空祭撒禄马，围绕敖包转三圈。这是祭祀者祈求敖包神消灾纳福、祛病助健、驱逐贫困、赐福富贵的终极愿望。

人们转祭敖包，高呼"呼瑞、呼瑞"！

禄马在天空中飞扬，摇福旗在人们的手中旋转，人们向往幸福之情感随着高呼声回旋在敖包上空。而敖包以巍峨的身姿屹立在高山之巅，绿水之边，也矗立在牧人心中。

下面这段民间祭词就能更为准确地表达人们敖包祭祀的愿望：

我群山之守护神

我湖泊之守护神

我山冈之守护神

我远近之守护神

我原野里的守护神

我柯鲁克旗①的守护神

我远方之守护神

我察罕敖包②之守护神

我威猛的守护神

我云丹嘉勒布③之守护神

我寺庙之守护神

我席勒图山敖包④之守护神

我肥沃的戈壁之守护神

我南部巴音山⑤之守护神

我北部山麓之守护神

我祖先之守护神

保佑我们吧

① 原青海和硕特北左旗。
② 柯鲁克旗敖包，该旗九个左领公祭。
③ 柯鲁克旗郭里木德左领敖包尕海湖以北。
④ 今巴音河村以北的小山头，曾有敖包。
⑤ 今尕海镇南部山，据说此山西建有十三座敖包。

一个人祭祀敖包

　　摇福旗在人们的手中旋转，招来十方守护神，保佑福禄寿喜光临大地，赐赋平安、健康和富裕。保佑牧人举家幸福，护佑草原草山四季肥美，牛羊遍地。间或枪声大作，人们接着举行祛除病害、恶魔等一切邪恶的仪式。有的地方还举行用黑石碾压邪恶的仪式。在西左旗桑阿木尼敖包以东四五公里处有座尖顶孤山。当地百姓认为那是莽古斯的（恶魔）犬牙。莽古斯的命门就在直立的犬马上，于是敖包祭祀接近尾声时，人们朝它开枪，以示消灭莽古斯等邪恶势力。

而在德都蒙古敖包祭祀的另一篇祷告词《腾格里神祷告》，为我们诠释了这种神秘又古老祭祀的全部内涵：

愿在群山中成为我们的依靠

愿在原野中化作我们的朋友

祈祷啊

我的腾格里神

消除灾祸

赐赋福运

清除病魔

赐来健康

清除磨难

成就顺运

禄马升腾

赐来福禄

我的腾格里神啊

赐来甘雨

水草繁盛

躲避失误

消除灾难

关注此生

兴旺发达

毁灭恶魔

赐来寿福

消除病疫

赐来幸福

赐来没有了病疫的健康

赐来大海般的富贵

　　人们虔诚地转祭敖包三圈，骑上骏马，顺时针方向绕过敖包山，带着敖包守护神的恩赐，心怀敞亮地返回敖包那达慕聚会场所。

　　若敖包旁边有湖，祭祀者们还将奔向湖畔，向湖心抛洒供品，祭祀湖泊、河流之神。至此，由烟祭、奶祭、开光、祈祷、转祭、除恶、招财等构成的祭祀仪式全部结束。

拉金丝线、银丝线祝福后代平安

这篇祷告词部分受到佛教影响，出现了"禄马"这个佛教里才有的词语，可能是传播过程中加入的，却比较完整地表述了人们敖包祭祀的内涵，以帮助人们了解古老祭祀习俗。

敖包宴

古俗中，敖包祭祀结束后，祭祀者分食全羊席等供品，还要带回去给家人品尝。有的史料记载为"抢宴",实为"祭品分子"的分发,认为是在分享神的食物。由于受佛教仪轨的影响,现如今人们带去的供品有奶食品、茶水、水果罐头等便食,不再用牛羊肉做供品。敖包祭祀结束后,或旗或左领必办聚宴。如今村里组织举办聚宴和那达慕。

敖包宴是歌手、祝颂家、史诗演绎家等民间艺人们相继登场亮相,施展才华的场合,也是牧人们互拜相祝、交流情感、增进友谊的时刻。

宴会结束后人们纷纷赶回家,绝不会在外逗留,这是因为怕祭祀带来的福分半路被他人截留。

敖包那达慕

敖包祭祀后的那达慕是人们在神灵的护佑下举行的一次隆重聚会,四方乡亲汇聚一起共度喜庆的场合,也是善男信女们情感交流、施展风采的大舞台。全旗人汇聚那达慕现场,观赏男儿们精彩绝伦的三艺,欣赏歌唱家们悠扬的长调,品味波澜壮阔的史诗演绎,草原充满久违的喜庆和欢乐。然而,那达慕中最引人瞩目的是赛马、摔跤、射箭这三项好汉竞技。它的受宠程度远远超过了其他各项竞技,这是崇拜、纪念英雄的方式,是选拔好汉和快马的竞技场合,是蒙古英雄

敖包那达慕

汗权时代的遗俗，是多个世纪以来传承不变的老味道，是游牧文化的经典内容之一。

赛马

蒙古马是高原特有的优秀物种，它四肢粗壮有力，体态匀称，毛色亮丽而厚实，耐寒耐旱，气候、地理的适应性极强，适合于长途骑乘。因而在竞赛中，往往表现出惊人的耐力、速度和爆发力，这一点正是观众最为关注的。

人们祭敖包时所骑乘的马都是自家马群里百里挑一的好马。通过竞赛显示马的优秀之外，更主要的是要展示主人驯马、调教的技能，与主人的荣誉有着密切的关系。草原儿女各个是好骑手，但并非都是调教马的高手。

一个好的调教师首先要具备观察、挑选、调教、再选等多项技能，同时通过多道程序，最终选定竞赛用马。一般要从马驹起就要观察其耳朵的灵敏度，鼻梁高低，肺活量，四肢是否修长有力，爆发力如何，耐力怎么样等，还要看其祖上是否出过好马，等等。调教的过程是看准几匹马后有意识地进行速度、耐力、爆发力、走马的步伐等方面的

赛马

综合训练，还要从驯马即日起便要让马养成与主人配合默契的习惯，使人更加了解马的秉性，马懂得人的意图。这又是人和马的情感交流，建立起友好、默契的关系，最终达到人马合一的境界。总之是一个循序渐进、长期使役训练，使马获得独特优势的过程。

观察、调教是好中选好的前提，也是最终目的。最终选定目标马后将进入较长时间的速度、耐力、爆发力的训练。蒙古成语里说"做人从小做起，骏马从驹驯起""交往中甄别人之善恶，骑乘中识别马的好劣"讲的就是这个道理。人靠修养，马依训练。骑手从马驹起观察、筛选种子马，在调驯过程中好中选好，精心调教。

　　而调教师的技能尤其表现在马的竞赛中，也表现在马与主人的亲密合作上。走马赛只有调教师亲自骑乘才能赛出好成绩，其他人驾驭不出走马的出色表现。在调教师长达几年的漫长调教过程中，通过人与马的情感交流，通过各种竞赛的角逐才有把握参加敖包那达慕比赛。

　　走马因步伐匀称、体态优美、骑乘舒适而广受牧人喜爱，也是人们走亲访友、参加节日婚庆、祭敖包等重大活动和参加那达慕赛马活动的首选。走马也常常成为交友谈情的诱因之一。这是由于一匹好走马代表着主人的能耐，在原野上，在山坡上，骑一匹好走马，唱一首悠扬的长调，立刻引来青少年的赞许，并散发着极强的诱惑力。在蒙古族马文化中，马一直以来是人们抒发情感的载体。蒙古民歌离不开马这个主题。在德都蒙古民歌中，从《圣主的两匹骏马》到送亲歌《赤兔马》均以马来命名歌曲，体现了马背民族钟爱骏马的情感和民歌以马为表现手法的独特风格。一首首传唱已久的民歌往往在马背上产生，也在马背上传播。

　　跑马赛源于狩猎和征战，往往演绎出英雄与战马的绝妙配合和脍炙人口的壮丽故事。其中，最为精彩的是蒙古史诗中所描绘的英雄与

草原男儿

战马的交流和配合，用艺术手法表现着人与马的战友般的亲密友情。

敖包那达慕正是赛出好马的大舞台。所以骑手通过长年累月的调教而挑选出最好的马来参加比赛。除平时放牧于好的草场，饮水也比较注意水质。临近比赛时，将精力放在控马上。白天少吃草，适当补精饲，每天以长跑、疾跑等手段锻炼马的爆发力、耐力、速度的同时，将肥膘控掉，强化筋骨，为比赛做足准备。

走马赛程一般设定为 5 至 7 公里，跑马赛程定为 10 至 15 公里，甚至 20 公里不等。

传统马赛基本分走马、跑马两大类，也有按马的口齿、走势等分组竞赛的。走马开赛一个赛程后赛跑马。奖励名次分走马一、二、三名，跑马一、二、三名不等。

获奖马将获得唱词人的祝赞，在其额头、鬃毛、脊背上点撒奶乳，夸赞它鬃毛中闪烁着月亮之光，脊背上闪耀着太阳之光，双目如望远镜一目千里，修长的神态似天龙，无翼而一飞如箭，它是万马之冠，千里马之首。赞颂完毕后还将在其脖颈上打一条洁白的哈达，祝愿它的主人一如既往地调教出好骏马，再传喜报！

竞技

博克摔跤

博克摔跤是蒙古族传统竞赛项目。由于博克最能体现男儿力量、勇气和意志等特点，在较量中往往引来一声声赞叹，一阵阵惊呼，又一声声叹惜。在悠扬、高亢的蒙古长调中，一个个岩石般高大威猛的博克们伴随着悠扬的长调声，迈着矫健的鹰步舞，奔入会场。此时，高亢宽厚的博克引领词响遍全场："野公牛的长角一般坚硬 / 野公驼的獠牙一样锋利 / 大鹏鸟的翅膀一样强劲 / 牛角弓的箭一般的神速 / 好汉们的较量开始了！"[1] 将博克和观众的激情顷刻间调动起来，一双双

① 芒崖行委退休干部曲里吞提供的激昂的引领词。

发亮的眼睛注视着博克们的每一个动作。

　　德都蒙古摔跤比赛分少年组 14 岁至 18 岁、青年组 19 岁至 33 岁、壮年组 34 岁至 48 岁。这种竞赛组的划分，目的是避免父子间摔跤。奖励各取前三名。

　　德都蒙古摔跤既保留卫拉特"萨拉布尔博克"的特点，又吸纳了藏式摔跤的风格，禁止使用各种技巧，而仅用胳膊、腿部和腰部的力量，具有青海地域特色。但在摔跤术语中保留有很多蒙古博克的摔跤

摔跤

摔跤

技巧名词。博克技巧在孩童和少年的游戏性、训练性摔跤中常常被使用。如垫背、铲脚、钩腿、垫胯，等等。这种技巧的使用有益于各部位的协调用力。

博克摔跤是岁月的积累，人生的巅峰，毅力的勃发，更是生命的华章。博克冠军将备受乡亲尊重，寄予他们无上荣耀。颂词家们常常大开锦囊妙语，赞扬他们力大无比、毅力超群、为人忠厚。

博克赛也有分王爷队和法台队，进行淘汰式比赛，最终比出冠、亚、季军。队员人数不得出现奇数。奖品主要以骆驼、马、羊等实物奖励为主。

博克有专用荣誉称谓，小型竞赛如几十对博克比赛至第六轮决出冠军封为"隼"的称号，几百对博克的比赛至第八轮决出冠军封为"大象"称号，上千对博克竞赛至第十轮决出的冠军封为"雄狮"。因而"雄狮""大象""隼"成为普遍意义上的冠亚季军的荣誉称号。各级联赛蝉联冠军者追加封号。如，国家级蝉联冠军封"达尔罕"级封号。这些既是封号，也是终生荣誉，印刻在牧人的心中。

阅兵式竞技

有史以来，蒙古社会是以万户、千户、百户、十户为组织，实行兵民一体、平战结合的体制，所以放牧、狩猎、参战是蒙古男人施展才能的舞台。那达慕是在这种体制下，在崇尚英雄、争当英雄的氛围中形成的聚娱乐与技能、品格与才华于一炉的竞技赛。

敖包那达慕期间，阅兵很有吸引力。王公札萨们召集本旗13岁至60岁间的男人，备足7至10天的口粮，敖包祭祀结束后聚集在阅兵地点，展开乡兵检阅。这其实就是赛马、射箭、摔跤的开始，本文分而述之。

参加阅兵的人不仅要备足枪支弹药，还要装备好马匹。所谓阅兵主要查看枪支的完好性，弹药的可靠性，更要检查每个士兵尤其青年士兵的基本技能。明清时期，德都蒙古人在军事上已经在使用火枪，兼用弓箭和盔甲。1949 年前，各旗乡兵装备均靠自己动手制作或在市场上交易而来，因此检查其性能是关键环节。也由王公诺彦们出资进行装备。如火药的检测：将火药倒入主人手心里，然后由检测官将其点燃，不烫手掌视为合格。否则令其重新配制。另外，检验火药的威力，往往通过能否打穿野牦牛的额骨来衡量。

骑射具有检验比赛者骑术和射击技能的双重功效。骑射要求射手在乘马疾驰的运动状态下，在规定距离内完成用右手拿枪再将其绕身一周，又从马脖子底下传入左手，右手压子弹瞄准射击等固定动作。骑射源于弓箭骑射，二者一脉相承，实战效果极佳。

射箭

那达慕会场

马刀的使用由来已久，讲究的是一刀砍断草茎为最高境界，而不求砍断木棒为能。据传，这种刀法的练习很有意思，是将充好气的羊肚固定在水面后一刀一刀地砍。一定程度后，将其抛向半空，再砍时能劈成两半为合格。最终能够砍断草茎视为刀功过关，成绩优秀。

敖包那达慕精彩纷呈，生机勃发，一代超越一代，焕发出人们的进取精神，更鼓舞他们在未来的岁月里，更上一层楼。用那达慕"骏马更快、射击更准、博克更猛"的精神力量，铸就人生辉煌，其社会效益远远大于观赏价值。

这便是那达慕深厚的文化根基，是成为蒙古大众踊跃参与、传承不息的内在动力。

如今，那达慕积极向上的精神内涵又得到拓展和丰富。有歌颂改革开放带给草原新貌的牧人诗歌会，歌唱社会主义幸福生活的民歌比赛，游牧劳动技能竞赛等社会主义先进文化占领那达慕舞台，成为那达慕创新发展的新动力。

各地公祭敖包

德令哈地区公祭敖包

德令哈地区原为顾实汗第八子桑噶尔嘉封地，清朝雍正初年编为青海和硕特部北左右旗。俗称柯鲁克贝勒旗。19 世纪中期，北左翼右旗贝勒品级札萨克晋升为青海蒙古左翼盟副盟长，后晋任盟长，又兼并了临近旗柯鲁克札萨旗。该旗地域辽阔，覆盖今甘肃省肃北县南部、海西州冷湖行委、大柴旦行委、德令哈市及天峻县部分地域，下属九个左领。其公祭敖包为柯鲁克湖东南、托素湖北岸一座高高耸立的山顶上，称之为"巴音察罕敖包"。"巴音"意为富裕，"察罕"为白色、

骑马转敖包

敖包祭祀

纯洁的意思。初建年代不详，但从祭祀习俗来推测，应当是桑噶尔嘉时期所建。

相传，巴音察罕敖包原先在拉萨布达拉宫旁，后来以看护托素湖为由，一夜之间跑到柯鲁克旗境内，屹立于托素湖畔。它的守护神是"蒙古战神"。而民间相传"蒙古战神"是顾实汗赠予其八子桑噶尔嘉的主祭佛像之一，所以凡在柯鲁克境内的寺院均祭拜"蒙古战神"。与顾实汗、"蒙古战神"、桑噶尔嘉和敖包有关联的许多故事，衬托了顾实汗称王于拉萨，号召其民众信仰佛教的含义，也完全符合和硕特等蒙古部移居青海后全面奉行佛教的历史特点。

在民间传说里也讲，巴音察罕敖包的守护神是位"留有长长的白须，身穿白色长袍的长者"。这一形象传承了民间有关敖包守护神的描绘。

在萨满教众多神灵中有尊"巴音察罕"腾格里神，意为"富裕白神"。敖包的名称、传说中的守护神——"身穿白长袍的白须长者"都暗含与"巴音察罕"腾格里神一脉相承的传统。

无论何种神圣，人们坚信敖包神会对百姓带来福运和吉祥，祭祀的程序严密，仪式严肃庄重。

巴音察罕敖包的祭祀时间初定为每年农历四月十一日。根据年景，也可在五月十五日之前完成祭祀活动。祭祀时除备足供品和祭祀用品外，还带上放生羊的羊毛、羊羔耳印、骆驼鼻杆等供放在敖包上，祈祷五畜兴旺，生活富足。

1949 年前，该旗除巴音察罕敖包外还有众多敖包。其中，云敦嘉勒布敖包地处巴噶哈日诺尔湖（尕海湖）北部的山顶上。相传在 1780 年，六世班禅额尔德尼·罗桑华丹益希在北京圆寂。于是乾隆皇帝下诏，打造黄金灵塔，下旨达玛（又称达克玛）呼图克图（佑宁寺，俗称郭隆寺大活佛之一，其前世在 1723 年罗布藏丹津反清事件中，与其他活佛一道加入反清斗争，后寺院被焚毁，达玛活佛被处极刑。）和阿嘉呼图克图将上师骨灰请往扎什伦布寺塔藏。两位呼图克图恭敬地领旨，谨慎地前往日喀则办理善后事宜。返回时，途经柯鲁克旗，举行法会，给民众膜拜顶礼。法事结束后，两位呼图克图启程返回塔尔寺的路上来到叫赛吉吾尔布拉格（云敦嘉勒布敖包西面）的地方过夜。两位呼图克图第二天醒来交谈，想不到竟然做了相同的梦：一位狮子头的威猛汉子，非常傲气地对活佛说道："我倒要看看两位班迪怎样盘剥我旗民众！"两位呼图克图深感惊讶，一致认为与该地守护神有关。紧接着两位骑乘的马匹以及随从相继患病，难于继续赶路。他们进行占卜后得知必须在此修筑敖包祭之。于是，两位呼图克图发动郭里木德左领民众在浩尔古山顶修建敖包。由于押宝条件有限，灵机一动便把各自配有白玉龙头的珊瑚芯儿的青金石佛珠（这是乾隆皇帝赐给他们的佛珠）、金勺、银筷、玛瑙鼻烟壶、金丝缎的马甲、紫檀拐棍等物品通通押在了敖包底下。达玛呼图克图还特地撰写了《敖包祝词》。接着又打开问卜经后得知，阿木尼图兴和白马观音的儿子云敦嘉勒布是该敖包的守护神，故起名为"云敦嘉勒布敖包"。"云敦"系藏语，意为高贵，"嘉勒布"为可汗、王之意。于是由著名活佛祭祀的"高贵可汗"敖包矗立在柯鲁克大地。相传，云敦嘉勒布的父母也住在附近。这种范式的故事在其他蒙古地区比比皆是。从这一点来说，云敦嘉勒布敖包的修筑以及祭祀传承了敖包古老遗俗。活佛们也遵从了这一点，并未因佛教的高贵而做改变。

云敦嘉勒布身边有位放牛娃，有一天这个孩子去放牛，在云敦嘉勒布敖包西边的山坡上头枕着马鞍睡着了，牛群跑入阿拉腾布拉格（今金子海）里。云敦嘉勒布得知后痛打一顿，赶了出去。这个放牛娃后来跑去戈壁，当了巴音察罕敖包的守护神。

佛教上师们梦见奇人，卜卦后修筑敖包进行祭祀，一座新敖包就这样诞生了。它新就新在佛教成为德都蒙古主要信仰的条件下，依然以蒙古族敖包祭祀的形式回报梦境，回报大自然。萨满的敖包加活佛的祝词，又用佛教仪式祭祀，成了敖包祭祀的新规，敖包又获得了佛教身份。由于两位呼图克图为修筑敖包将身上宝物，包括皇帝赐予的佛珠，统统押在敖包底下，倾其所有，新敖包便成了举世无双的豪华典范。

远远向巴音乌拉山（今尕海南部山脉西段）望去，是座普通的黑灰色山峦。云敦嘉勒布敖包建成后，这座山成了他的藏宝之地。此后，

敖包局部

山里就生长出九九八十一种贵重树种，九九八十一种名贵药材，还奇迹般出现了九九八十一种神奇温泉。① 现实中的巴音乌拉山中生长有松树、柏树等树种和黑果枸子、柳条等灌木丛林，环境幽静。山顶有形成的小型盆地，可牧羊。

故事中讲达玛呼图克图撰写了敖包颂词，这与历史上蒙古族高僧大德们撰写敖包祭词的实际吻合，是符合历史记载的。他们一门心思地传播佛教教义和佛教文化，也问心无愧地坚守祖上规矩。崇拜者们也不间断地创作和传播着新奇的信仰故事，名叫云敦嘉勒布的守护神及其藏语称谓、两位呼图克图还有萨满教式的故事人物"狮子头的威猛汉子"相继亮相，造就新的敖包传奇。文化的交流、交融并非像人们策划或猜想得那么简单，尽管活佛们根据其信仰和教义请来了"云敦嘉勒布"这样的守护神，但其后的一百多年来，信徒们却塑造出萨满式"狮子头的威猛汉"和"放牛娃"来搅局。在敖包祭祀活动中，蒙古传统文化依然占据着上风。文化的生命力也依然在民众中折射出绝妙的意境。

上述两座敖包于 20 世纪 80 年代相继修复，恢复了敖包祭祀活动。

① 海西州已故作家巴音同志策划实施的海西地区敖包祭祀田野调查资料。

目前，德令哈地区已经恢复祭祀的敖包有怀头塔拉的布宜泰音敖包，宗务隆的萨里克图敖包（据传是军队敖包）、蓄集的玛希敖包、大柴旦的凯茂日图敖包等。原柯鲁克贝勒旗柴达木、马海、赛日腾、乌格图勒、夏尔嘎勒金、玛青等地均有公祭敖包和专司敖包，有的在甘肃肃北县境内已恢复，更多的敖包未恢复。

柯柯地区公祭敖包

　　柯柯地区原为青海和硕特部右翼西后旗，俗称柯柯贝勒旗，是顾

实汗第六子多尔吉后裔，今为乌兰县柯柯镇。

察罕陶洛亥敖包，始建于该旗达西才仁贝勒时期，至今已有286年的历史。这一记载进一步佐证了柴达木各旗公祭敖包大致的初建年代。察罕陶洛亥敖包于1980年4月恢复祭祀活动，是该地区最大的公祭敖包，全镇三个牧业村均参加祭祀，并举行那达慕。相传，该地区有十三个守护神，守护着柯柯旗全境和百姓。

还有隶属于柯柯地区的南柯柯的阿拉腾图鲁嘎敖包、卜浪沟地区的巴音敖包(又称赛日因敖包)也在20世纪80年代相继恢复祭祀活动。

王家旗公祭敖包

青海和硕特部西前旗，俗称王家旗，为顾实汗六子后裔。今属乌兰县铜普乡。有阿尼伊兴敖包和洛布金齐木尔敖包。每年的农历六月十五日定为前者祭祀日，农历五月十五日为后者祭祀日。

祭祀程序、仪式与其他地区的祭祀相同。禁止女性参与。祭祀者们身穿盛装，带上弓箭枪支，迎着朝阳点燃烟祭，开启敖包祭祀。

在众多敖包祭祀活动中，西前旗洛布金齐木尔敖包的祭祀比较独特：祭祀当日，在敖包上宰杀一只红山羊，用羊血祭敖包。这就是佛教最为忌讳的"血祭",是典型的萨满式祭祀。据传,这座敖包的祭祀就是对军队、英雄的祭祀。

敖包祭祀结束后开展射击"索德"活动。早先,参与祭祀的人们将一束草或一把筷子用黑布裹紧,捆绑在木杆一头立起后,开展骑射活动。谁射中谁将从王爷或本旗大喇嘛手上接受奖品,获得公众的赞扬和敬佩。

这种祭祀告诉我们,敖包祭祀是男人专利,与军事训练、鼓励将士斗志等有着密切关系。祭纛出征、祭敖包出征是蒙古族、满族等北方民族固有的习俗。该敖包祭祀保留了这一习俗。

哈拉克沁旗公祭敖包

哈拉克沁旗为青海和硕特部北左末旗，蒙古语称达布逊戈壁札萨克或哈拉克沁旗，汉语俗称盐池札萨。是顾实汗第六子多尔吉后裔领地。今为乌兰县巴音镇。公祭敖包主要有诺日音敖包、丹达勒敖包、巴音敖包等。诺日音敖包即盐湖敖包，位于达布逊诺尔湖（今茶卡盐湖景区内）北岸。是哈拉克沁旗最大的公祭敖包，又地处盐湖畔，深受崇敬。历史上有柴达木东部哈拉克沁札萨旗、王家旗、柯柯旗三旗子民共同祭祀的习惯。如今主要以当地牧民（哈拉克沁旗后裔）祭之。

北左末旗是在德都蒙古中最先开采食盐资源的部落，茶卡盐湖为穷苦百姓提供了得天独厚的生存渠道，他们采挖青盐后，将其远销至兰州、西宁、丹噶尔等地，获得报酬。因此，他们历来视盐湖为母亲湖，回报的极佳形式就是祭敖包，通过敖包祭祀表达最大崇敬和爱戴，所以诺日音敖包又称之为"柯希格敖包"，即赐福敖包。

该地修建敖包的特殊性在于请回"命木"后，上面刻写全旗各户的姓名及敖包修筑时间等内容。敖包押九宝、五谷、五果之外还要押弓箭、马鞍、奶桶、铜锅等用具。这些是为敖包守护神备用的。

据传，诺日音敖包的守护神是位右手拿摇福旗、左手持宝瓶的妙罗桑神，即巴登丹拉姆佛的五弟子之一的赐福神。蒙古人祭祀巴登拉姆（吉祥天母）的用意除护法外还有期待子孙万代，发展人口的意托。

诺日音敖包的祭祀日为每年的农历五月十五日。旗祭祀与兄弟地区敖包祭祀程序基本相同，所不同的是敖包祭祀结尾时，人们去湖边，将宝瓶(与敖包宝瓶类似,每户都备有)等供品给湖神献上。按传统习俗，有十三位骑着十三匹白马的男士前去，领头的必须是属虎的人手持摇福旗，引领其他人到湖边。到了湖边将供品放入碧绿的湖水中后便急速返回。敖包上的人们为他们举行简短的洗礼仪式迎接他们：将黄油抹在十三匹马的头部、耳朵等部位。人们汇合后全体上马，摘帽齐声高呼"呼瑞！呼瑞"。同时念诵请神经（萨满教称"诏神词"），祈祷草原风调雨顺、五畜繁衍，祈祷家人平安幸福、好运连连。祈祷声中转敖包三圈，奔向敖包那达慕会场。

丹达勒敖包位于海拔 4100 米的温都尔浩格山山顶。其称谓为藏语，即克敌（降服敌人之意），是丹达勒敖包的守护神。初建于 19 世纪中期，20 世纪 80 年代恢复。初建时，班禅行辕堪布祷告道："男孩成百上千，骆驼成万成群。"因而涌现出不少勇猛之士，骆驼的繁殖率也很高。相传，很早以前，哈拉克沁旗索南拉布丹王爷带领夏德布等

诺日音敖包

骑马转敖包

勇士力战四方之敌大获全胜后，祭祀素黎克（即丹达勒敖包）敖包，答谢守护神护佑他们打了胜仗。返回途中，恰闻达赖喇嘛亲临哈拉克沁旗，王爷和百姓欣喜无比。因而丹达勒敖包祭祀具有了答谢神的含义。该敖包的祭祀时间并不固定，人们可利用空闲时间去祭祀。

巴音敖包位于哈拉克沁旗东部，始建于 20 世纪 20 年代。巴音敖包守护神是位骑着枣红马，赤脸长发，克敌制胜，神力无穷的勇士，是战神敖包，所以禁止外人参与祭祀活动。1983 年 8 月，本地夏布荣根敦丹巴亲自恢复巴音敖包，至今年年祭祀。

香加地区敖包

香加原本为班禅行宫的香民，由青海各蒙古旗抽调民众、牲畜和土地形成，俗称香加旗。

行辕由第六世班禅额尔德尼·洛桑华丹益希所创建，成为历代班禅大师往返西藏、青海及内地时的驻锡地，至今已有 240 多年的历史。1951 年至 1954 年间十世班禅额尔德尼·确吉坚赞先后三次来此居住。

1984 年，在十世班禅大师的大力支持下，政府筹集资金，照原样恢复行辕。十世班禅亲自来到行辕向当地信教群众讲经说法，摸顶赐福，满足了信徒们的愿望。

巴音乌祖尔敖包

巴音乌祖尔敖包位于香加乡柯克陶哈东部。相传，该敖包是依据五世达赖喇嘛的建议而修建。始建以来香加旗蒙古百姓常祭至今。1948 年 9 月 25 日十世班禅额尔德尼·确吉坚赞亲临巴音乌祖尔敖包主持祭祀。1950 年 5 月 11 日，在十世班禅的旨意下，将巴音乌祖尔敖包移至柯登一地重建。原因是 1945 年香加民众遭遇土匪袭击，旗人巴音达日鲁之子巴音德力格尔一枪击毙了匪徒的领头人，成功阻止了匪徒的进一步入侵。但由于土匪命丧敖包附近，决定移址。

作为巴音乌祖尔敖包新址的柯登一地，敖包所在的山形貌非凡：

从东面望去恰似巴登拉姆佛身披袈裟端坐；从北面看好似珍珠瀑布飞落而下；从南面看犹如千万只羊群在山坡上吃草；从西面看又像是五味果实挂满枝头，一幅幅祥瑞景象让人浮想联翩。

苍克尔敖包

苍克尔敖包位于香加乡柯克哈达村境内，地处雪山之巅，早先是香加旗公祭敖包。是祈祷明辨是非、左右命运、死后投胎人类的敖包。据传，班禅大师也曾亲临苍克尔敖包祭祀。

西拉陶老甘敖包

西拉陶老甘敖包位于香加乡艾里斯台村境内。西拉陶老甘敖包是以祈祷养育好儿子、饲养好马匹而建的。禁止女性走近敖包所处之山。

宗加地区公祭敖包

宗加为原青海和硕特部西左翼后旗的简称，俗称宗加旗。是顾实汗弟弟色凌哈坦巴图尔后裔的领地。公祭敖包为桑阿米尼敖包。据传，桑阿米尼敖包的守护神是阿尼玛卿神的三个儿子，是他们守护着整个宗加旗的山水草木。长子叫日格登、次子称乔尔吉、三子称桑阿米尼。

阿尼玛卿是藏族苯教四大神山之一，也是护法神，更是苯教信徒们年年大祭的神山。神山西接西左翼后旗境内的布尔罕布达山。蒙古族和藏族祭祀习俗在阿尼玛卿雪山的崇拜上走到一起不足为奇，这是佛教教义全面掌控敖包祭祀的一个范例，也是蒙古族敖包祭祀习俗发生内在变化的佐证。桑阿米尼敖包的故事遵循了萨满教的故事范式并传播至今，并以蒙古族家业继承习俗结尾。故事里按照蒙古族兄弟三人继承父母遗产时，大哥继承枪和马，二哥继承石磨，幼子继承家业的习俗祭祀阿尼玛卿的三个儿子。两个民族的信仰通过佛教仪轨塑造出混合型守护神，充分展现了敖包祭祀习俗演变的轨迹。在宗加旗的

大型祭祀上宣布桑阿米尼敖包为宗加旗公祭大敖包，祭祀桑阿米尼敖包时任何人不得无故缺席，特殊情况下，由敖包司仪向王府代行请假事宜，才视为未缺席。桑阿米尼敖包的祭祀议程与其他敖包大体一致。

祭祀桑阿米尼敖包所念诵的经文必以日格登、乔尔吉、桑阿米尼为开头。祭文中记载，祭文由丹增格西仔细观察敖包所在地形后撰写，并在策拜勒尖巴嘉木措的协助下由二人出资修建和初祭，由班禅额尔德尼·罗布桑达格巴最终审定。这一祭文的产生再次告诉人们敖包祝词、敖包祈愿文、敖包招财经等藏文典籍都根据每座敖包的守护神异同而撰写。这一记载也证明了各旗王公札萨们为了突出各自的身价请高僧大德们为自家的敖包撰写祭文。还有些敖包的传说很多是为了迎合佛教教义。这些记载和传说进一步印证了佛教教义逐步占领敖包神坛的过程。但是部分萨满教祭词的传承和"博沁"的存在又证明，敖包祭祀中，实际上萨满教和佛教并存了相当长的时间。

巴隆地区公祭敖包

巴隆是原青海和硕特部西右翼后旗的简称，原为顾实汗七子瑚鲁

敖达噶尔敖包祭祀情景

木什后裔领地。公祭敖包叫散达噶尔敖包。原祭祀日为每年农历三月初三，一般有麦林章京负责祭祀活动。祭祀的基本程序和仪式与其他地区敖包祭祀习俗基本相同。

台吉乃尔地区公祭敖包

台吉乃尔为青海和硕特部西右翼中旗，是顾实汗伯兄哈纳克土谢图后裔的领地。公祭敖包为塔文察罕敖包，由五座白色砂石岩组成。每年农历六月份择吉日祭敖包。祭祀程序与其他公祭敖包基本相同。相传，格斯尔汗征战恶魔途中下马休息时，侧身睡着了。恶魔乘机偷偷地靠近他并将毒药灌入嘴里。格斯尔汗当即醒来，把毒药引入一颗牙后将毒牙拔出放在了睡觉的地方。后来这颗牙长成了五座白色砂石岩。于是人们在这里修建敖包常年祭祀，故称"塔文察罕"。塔文察罕敖包的守护神是兄弟五人，禁止女性参与祭祀。有位叫先巴贡吉布的人撰写了该敖包的藏文祭祀经。另传，人们为了避免战乱，保卫家园，修建了塔文察罕敖包。因此，祭祀中特地加入了增强军威的内容。

祭祀塔文察罕敖包时台吉乃尔旗四个左领的乡兵汇聚哈吉尔一地。旗札萨克王爷搭建蓝色衙帐，王爷庙的法台搭建黄色衙帐。其后

塔文察罕敖包

各左领乡兵帐房以蓝黄两帐为中心按半月形搭建。祭祀当日,各左领乡兵以班为单位举旗集合。梅林章京陪同王爷检阅乡兵。检阅内容主要有军马及其配件、枪支弹药、马刀弓箭等装备。检阅完毕后进行射击比赛。这种以乡兵为主专祭敖包的习俗映射出古代祭祀遗俗。严格地讲,祭敖包就是激励男人的责任、意志和斗志的过程。从这一角度我们就能理解敖包祭祀禁止女性参与的缘故。

博克赛分王爷组和法台组。王爷组获得的冠军由王爷来颁奖,法台组赢得的冠军就由法台来颁奖。

另外,台吉乃尔曾有儿童敖包、挤奶敖包等专用敖包,均未恢复祭祀。

道尔吉巴勒登敖包

道尔吉巴勒登敖包位于岱布泰尔河畔。他与道尔吉巴勒登（汉语称玉珠峰）敖包相一致，人们认为道尔吉巴勒登是敖包守护神，护佑着郭勒木德地区的山山水水、草草木木，护佑着这里的一切。为了祭祀道尔吉巴勒登山神，在其山麓修建煨桑台，遥祭山神。这是蒙古文化在昆仑山中的印记，将玉珠峰与敖包、与草原文化紧紧地联系在一起。

噶卫宁青敖包

噶卫宁青敖包位于诺木洪草原，是原台吉乃尔旗诺木洪左领敖包，为祈祷水草丰盛，农业丰收而祭。人们普遍认为噶卫宁青敖包的守护神是位女性。每到春播时季，牧人们在灌溉渠引水时，宰杀黑山羊举行血祭，并在引水口用泥巴塑个男性生殖器朝敖包方向摆放。这种独特仪式的寓意，应当是针对女性守护神，而不能认定是生殖器崇拜。也有相传，该敖包为儿童敖包，希望草原人口繁衍。

巴音祖尔肯敖包

该敖包位于今茫崖市尕斯镇境内，是原台吉乃尔旗尕斯左领敖包。

塔文崇罕敖包远景

各类专司敖包

敖包文化厚重而又神秘，经历千年历史洗礼和多地迁移，依然成为人们祭祀活动的重点，除其宗教属性外，与民众生产生活的密切联系是它长久不衰的因果，也是敖包祭祀根植于民众生活的根本所在。德都蒙古所传承的敖包种类繁多，功能各异，大有囊括万象之势。作为游牧民族特别崇敬大自然、崇敬生命、对待自家的家畜也怀有一颗感恩之心，不仅是因为他们的一切来源于大自然和畜群，更是因为与大自然和畜群同欢喜共命运，人与畜在情感上建有一种默契。牧人在为神灵和人修筑敖包举行祭祀的同时，也为畜群修筑敖包替它们许愿。所以在山地、平原、湖泊边布置众多敖包也不足为奇了。专司敖包似乎是人与自然、畜与自然、人与畜种之间的情感符号。从这个角度讲，敖包确实超越了宗教与人的界限，超越了自然与动物的界限，成为共同的情感连接点。

羊敖包

绵羊是德都蒙古人经营的主要畜种之一，也是主要肉食来源。羊肉肉质细嫩，富含蛋白质和维生素，且性温热，适于四季享用。长期食用能提高身体素质，增强免疫力和御寒能力，具有补肾强体、补肝明目、补血温经之功效。和硕特部一直以来饲养"卫拉特绵羊"，该品种适应高寒气候，公羊体格健壮，一双弯弯的大角，头部和四蹄毛黑，其余毛色为纯白色，肥厚而宽大的尾巴是它的主要特征之一。随着时

间的推移，人们开始有组织地进行绵羊改良，开始经营肉毛兼用半细毛羊，致使"卫拉特绵羊"几乎绝种。

宗加地区有个叫"苏穆"的敖包，位于昆仑山中的一座山梁上。相传，早先宗加旗王爷在这个山梁上拉满弓射了一箭，并下令落箭之地建座敖包。后来，人们梦见有只黑头羊领着羊羔儿饮水后返回，一直走到苏穆敖包附近便消失了。按照敖包故事说法，这只羊就是这座羊敖包的守护神，祭祀苏穆敖包就能使绵羊繁殖更多，人们的生活也就变得更加富足。感恩大自然、感恩五畜是在精神上对神灵与物的崇敬，也是游牧民族精神世界的经典阐释。

马敖包

在西左翼后旗东部有一片广袤的草原，这就是阿尔斯楞草原，非常适合放牧马群。草原中央有座平地而起的沙梁，沙梁附近有三棵高大粗壮的红柳树，红柳树附近有一座敖包，这便是该旗著名的马敖包。这里地形有高度、有树木，符合古代修建敖包的地理地貌要求。这种既传统又有新意的敖包充分证明德都蒙古敖包文化的正统性。

从蒙古人驯养家畜起，蒙古马便成了他们优先选择培育的物种。蒙古马对地理、气候适应性强，且在家畜中最为灵敏、灵通。马背上创造历史的牧人不会少了马敖包。相传，原先西左翼后旗由于缺少好走马和跑马，便专修马敖包予以祭祀，以期待这里养出好马。后成为牧马人必祭的敖包。马敖包的祭祀没有特定日期和时间，人们可以在闲暇时或路过时随机祭之。

马敖包前留影的小骑手

德都蒙古有种地务农的历史，各地均有为务农而设的敖包。如原西左翼后旗和西右翼中旗边界，即诺木洪城古遗址南边的一座沙丘上有座敖包，这是两旗人春季播种开始和秋收时必祭的敖包。这种祭祀，完全以萨满仪式举行。为春播引水时，在引水口水渠边宰杀一只黑山羊，将其血流入水中，以寄托腾格里神灵帮助他们引来充足的河水，灌溉农田。很多植物通过花粉传播实现繁殖，青稞、小麦亦如此。但利用祭敖包的方式表达植物繁殖理念，愈加增添了敖包祭祀的神秘性。秋季，碾完场后将麦子堆成山形，上插农具，再宰杀一只黑山羊，举行血祭仪式。此类敖包在其他地区也比较普遍。如，原柯鲁克旗民在怀头塔拉开播时前往巴力根河河口（今怀头塔拉镇水库水坝处），宰杀黑山羊，取其血祭之，祈愿水源充足，滋润农田，带来粮食丰收。

丰粮敖包实行春秋两季各祭一次，牧民们渴望粮食丰收的心情可想而知。

狩猎敖包

狩猎是蒙古人由来已久的辅助行业，狩猎时祭祀专用敖包也是常有行为。在九十九尊腾格里神中就有一尊叫"玛纳罕"的腾格里神，他控制草原和山区的生灵，祭祀他可使狩猎丰厚。此类敖包中，西左翼后旗的丹津敖包具有一定的代表性。丹津敖包位于诺木洪河源头。此地山色幽静，水草丰盛，野生动物种类繁多。也是柴达木盆地南部各旗佛教信徒朝圣拉萨的必经之路，因而成为朝圣者与狩猎人共祭的敖包。相传，有几位猎人狩猎到了此地，遇见几位去拉萨朝圣归来的香客。香客们口粮已断，到了人困马乏的绝境。猎人们将仅有的口粮拿出来做了最后一顿饭与朝圣者们一起食用。第二天起两拨人各抽几个人出去打猎，每次都空手返回。就这样一连三天连野生动物的一根毛都没见着。第四天清晨，人们在河岸煨桑祷告道："苍天啊，请赐予我们肥美的猎物，请赐予我们健壮的猎物！"从牛时祈祷到虎时才去打猎。这一次，他们没走多远就遇见了数目众多的猎物，很顺利地打足了猎物。于是就在煨桑的地方修起敖包祭祀一番。从此这座敖包成了香客和猎人共同祭祀的敖包。

玛纳罕腾格里神的祭词，其大意如下：

纯银的身段

无数生灵之主人——玛纳罕神

纯金的身段

一切生灵之主人——玛纳罕神

……

恩惠的玛纳罕腾格里神

请听听我的祈祷

赐予我大锅里装不下的大角兽

赐予我大门里进不来的大角兽

呼瑞，呼瑞，呼瑞！

请赐予我不可放牧的四不像

请赐予我无法驾驭的黑熊

请赐予我无力追逐的灰狼

请赐予我不可引领的狐狸

恩惠的玛纳罕腾格里神！

……

而德都蒙古猎人的敖包祭词则如下：

我恩惠的阿尼玛卿神 ①

……

赐予我们肥壮的野牦牛

赐予我们健壮的野驴

赐予我们十杈角的大鹿

赐予我们壮实的野牛

我们威猛的山神！

两首祭词的传播地不同，前者传播于喀尔喀蒙古，但祭词的步格和内容基本相同，表现出文化根脉的一致性。猎人生涯极其艰辛、危险又充满传奇，优秀猎手往往给民众带来丰厚的猎物，受到人们的敬仰。

① 此为西左翼后旗传承的狩猎祭词，各地用各地的守护神的称谓。

第四章

·牧人的感恩与大自然的回馈·

草畜之和谐

人与自然之和谐

游牧是文化根脉

牧归

　　蒙古语中有"苍天称父，叫大地为母"的敬语修辞。这是源自萨满教世界观的一种说法，囊括了人类生存的时、空间。这种人、天、地为一体的概念，充分反映了游牧文明依赖大自然、崇敬大自然、感恩大自然、敬畏生命、呵护生命的意识形态。德都蒙古敖包祭祀活动，虽然经历了萨满教、佛教的两个重大历史阶段，但有关敖包守护神的各种故事所表现的呵护生命的核心意识则不偏不离，表达了一种豁达、现实的生存态度。通过敖包祭祀，对萨满神灵和佛教神明的祈求往往以满足人的生存为目的。尽管敖包祭祀的外在形式表现为"万物有灵"，但不可否定的是它的内涵，即"崇敬生命""呵护生命""延续生命"的核心思想。正是依托这样的意识形态，游牧人创立了天地人和的生存之道和处世之道。

草畜之和谐

游牧民族的生存环境中，山川、森林、原野、湖泊、河流提供了天然条件，驯养、采集、狩猎、放牧等生产活动提供了物质的条件。前者是大自然的，后者是人力的，但二者均有自然属性，形成了自然、牲畜和牧人三者的有机统一。

在草原游牧过程中，将草原划分为平地草原、山地草原、湿地草原、荒漠草原、高山狩猎区、森林采集区等生产功能区域。游牧区域或生存区域称之为"努图克"，意即"居住地""故乡"等。游牧区域又划分为四季牧场。每季牧场又划分为若干草场。草场再划分为若干"布兀日"，即若干放牧片区。这些草场和放牧片区由一个个具体详尽的大域地名、小域地名以及"布兀日"（某户人家的常住地）编织成网格化的草原智性地图。大域地名往往与行政区域或平原草场、山地草场等有关联。小域地名则指具体地名。多数地名与其草类、水域、地貌有关。

如：戈壁有个地名叫温都尔祖苏楞，是一块儿地形较高的开阔的沼泽草场，由于王爷在这里度夏而命名之，属于小域地名。"柴达木"属于大域地名，是指水草丰盛的平原、沼泽混合型草场。蒙古语地名"柴达木"在传统含义里是将现代意义上的"柴达木盆地"分作五块"柴达木"，而每一块"柴达木"又由多个小地域地名和具体地名组成。因而在牧人的脑海里辽阔无边的平地草原和山峦重叠的高山牧场都是形

色各异，水域和草地交织，又含有方位与距离的立体图景。他们的谈吐中，这些活地图便像一幅幅图画一样交叉出现。这种按季节、草原特征和牲畜需要划分的牧场和放牧片区，必然造就一种行为，即游动、移动的放牧，人们概括为"游牧"。游牧具有受自然限制、草畜矛盾、季节时差等被动性一面，也有人类适应自然、利用自然、保护自然的主动性一面。其被动性在于用游牧方式补充其季节差异和草种、水源、地形甚至气候差异造成的草畜矛盾。同时，主动性一面则又涵盖了人类的居住、草原管理、牲畜饲养等生产生活模式和社会管理模式。所

以说游牧是动静结合的社会形态、生产形态和生态形态。而人和草原通过敖包祭祀发生关系时，又多了一层形态模式：精神或生命哲学的形态。

敖包处于"山之巅""水之源"，守望着每一个故乡的山水。敖包祭祀又蕴含着人们祈祷风调雨顺、水草茂盛的祈愿，也有消除旱涝等自然灾害的祷告。无论是神秘的萨满教时期祭祀，还是教理深奥的佛教时期的祭祀，都充满了祈求草原美好的愿望。信仰和生产理念左右着牧人的游牧意识，也形成了一条条严谨的保护自然的信条。

河南县仙女泉敖包

敖包祭礼

德都蒙古人非常崇敬泉水。禁止人为污染泉水,不得在泉眼和河流中洗手、洗衣服,取水也只从流出口取。河流开渠引水也要宰羊祭之。砍伐树木,只砍枯木,砍伐时也要诚心祷告,防止伤害生命体。诸如此类的习俗养成环保、洁净的生产生活习惯,减轻了大自然的负载,他们视破坏环境为恶劣行径。

蒙古人自古重礼。待人接物吉言相谢。家中来客,不分贵贱,盛情款待,客人接过茶水等饮食后,吉言祝福主人,主人也回音"如愿,如愿"等。这种敬人重物,吉言相敬的礼仪,与其祖先崇拜,感恩大自然的原始宗教意识有着千丝万缕的联系。

蒙古族的许多禁忌习俗也与保护环境,净化环境有着密切关系。

走上敖包

德都蒙古俗语里讲："敌人是可以讲条件的，但水灾和火灾则是没有语言的敌人。"一句话讲明了灾害的严重性和无余地性。教育孩子不玩火，从小筑牢防火意识。火灰等凉了再倒在固定的灰场，不可随意乱倒，防止发生草原火灾。搬家时，将自家垃圾清理干净后填埋处理。死亡的牲畜尸体要深埋处理，防止疫情传播。用柏树枝叶熏牛羊圈，有一定的消毒作用，羊圈内铺撒火灰，以达到消毒和消灭病菌的作用。于是，我们也可以概括为游牧又是移动的生态学。

在长期的游牧经济生产生活中，德都蒙古形成了行之有效的草原管理理念和行为准则。这些理念和准则不可替代地影响着一代又一代的德都蒙古人。因此，游牧既有自然属性，也是比较好的管理科学，是牧民

千百年来成功经验的总结，是人类游牧文明、生态文明的生动体现。

游牧是补充牛羊营养的过程。转移草场，不仅仅是因为该草场的草已吃完，更重要的是补充牛羊营养的需要，将其放牧于各自喜食的草场。如：牛和马喜食水生草，湖泊、河流岸边和沼泽地都是牛马最为理想的草场。绵羊喜食细嫩的草，平原草场且草种多样的草场是它们的理想之地。山羊和骆驼喜食白刺、枸杞、沙棘、红柳等灌木类的枝条和叶子。同时根据季节和畜群的需要，分牧于适合的草场，以增强体质和膘情。如：秋季是各类灌木果子的成熟期，更是牛羊膘情增长期，牧人将牲畜转移至灌木林草场，促使畜群加速增膘。

游牧是组织开展有序生产的过程。草原大，不可任人随意无序的迁徙。转场时，按畜种分牧，公母分牧，扣紧季节及时转场，并且严格按照草场、牲畜、生产的需要，有序组织实施。转移草场是集体行为，禁止任何人随意搬迁。比如，从初夏草场转移至深夏草场时间将掌握在 6 月底之前等，每个季度和该季度里的转场都要适时统一转牧。深夏又是开展皮革加工、加工羊毛、制作毛毡、制作蒙古包、加工生产工具、生产储存乳制品等生产繁忙季节，而冬末和春季是接羔时期，一般要选用最好的草场。

　　游牧本身也是无可替代的保护环境、修复草场的行为。按季节有序游牧，做到科学轮牧，使草原得到休养恢复。通过游牧，减轻草场过度利用，调控草原和牲畜的关系，使草原始终处于自行恢复的良性状态，防止一块草场因过度使用而导致颓废。为使草原更加肥美，还要划定封育草场，禁止任何牲畜任何季节进入封育草场。封育草场往往有跨年或跨季节封育等多种形式。封育草场始终处于相关组织和人员的监视之下，避免有意无意地进入封育草场。

　　游牧又是锻炼人的意志，强身健体，陶冶性情，顺利克服各种困难和艰辛的过程。牧人的坚强意志、健壮体魄、适于各种环境的能力都来源于游牧。通过游牧，有利于更好地了解草原、草场植物种类及水源，更好地调配使用草场，也能陶冶人的精神，更好地爱护草原。

　　正是由于游牧方式的产生和发展，合理解决了草畜矛盾，使草原永续利用，牲畜得到永续发展，成为草畜和谐的科学途径。

人与自然之和谐

　　敖包祭祀是游牧文明的产物，是人与自然和谐相处、相互促进的

典范。从萨满教时期到佛教兴盛时期再到现代社会，敖包祭祀始终左右着蒙古族牧人的处世立人之道，左右着人们的游牧行为。

将宝藏之尊献给敖包的守护神，将饮食之鲜奉送给敖包守护神，将放生之畜馈赠于敖包守护神，还将牧人祈愿祷告禀告守护神，保佑草原四季水草丰盛，保佑牧人常年安康如意。这般纯洁的心灵产生于敖包祭祀，产生于对自然的敬仰和生命的崇敬。

游牧是文化根脉

蒙古人认为,草原既是草原,是万物轮生之地,也是牧场,是"五畜"繁衍之地,更是人类栖息之所。他们用游牧的方式确立安身立命之道,确立与自然和谐相处的理念;又用游牧方式筑起道德高地,建树文明之旗。

游牧是蒙古族经济、文化的根脉。蒙古族传统法治体系、军事体系、

宗教和文化等都建立在游牧经济的基础之上。

　　游牧实践孕育了蒙古族独特的哲学体系。远古时期的萨满培育出以"腾格里"为核心的诸神论。这一理论为后来确立英雄时期汗权论提供了理论依据。完成了天道与英雄汗权的统一。[①] 明清时期佛教的传入，使蒙古族哲学体系中的"腾格里神"论发生动摇，"天道论"被佛所替代。但从敖包祭祀中可看出，直至海西建政初期，"腾格里神"和"佛"是并存的。这是因为，"天道论"深深扎根于游牧生产生活之中。以青海蒙古族传统法典为例，在清朝之前蒙古族司法中没有"监狱"这个概念，没有刑具、刑拘等法律手段，相应地所谓刑法均以罚代刑，处罚往往以其身份、地位、经济条件为前提，经济条件好且社会地位越高，处罚就越重，反之则轻。除战时之外，并不常用"死刑"等极刑。这种独特的司法制度也只有在敬重英雄、信誉为立身之道的游牧社会中发挥法律效力。而且，社会公德、个人信誉、子女孝道等在案件侦查、法庭调查等环节发挥着极其重要的作用。

① 王福革，《从"蒙古族哲学"到"蒙古族的哲学"转变研究》。

结　语

　　牧人对草原、对故乡的深情，对大山大河的赞美之情，对牲畜的友善之念等情感无不与敖包祭祀有着密切关联。在适时的转移、游动过程中，他们感恩天地，感恩腾格里神，感恩生产生活中与他们产生关联的积极向上的一切，做到了生态平衡，生产有序，人与自然、人与牲畜、牲畜与自然的有机结合，相互利用、相互促进。这种情感也决定了他们爱护草原一草一木，珍惜泉眼、河流和湖泊的理念，树立起了传承万代的游牧行为准则。这也是牧人迄今为止不愿离开草原的缘故。

　　牛羊肥壮的秋季，牧人们心怀满满的期待，纷纷走向高高的敖包山，敖包的秋季祭祀再次登场。

　　日月轮回，时空间在轮回中完成生命的华丽乐章。

　　轮回游牧，天地间在游牧中完成人与自然的互敬互惠。

　　对生命的赞歌莫过于人们在敖包上虔诚的祷告。